Joe Bauer
Im Kessel brummt der Bürger King

Joe Bauer, Jahrgang 1954, Autor und Kolumnist der *Stuttgarter Nachrichten*, zieht als Einzelgänger zu Fuß und mit der Bahn durch die Stadt. Seine Geschichten und Glossen verbreitet er in der Zeitung, in Magazinen wie dem von Vincent Klink und Wiglaf Droste herausgegeben *Häuptling Eigener Herd* und in seiner mit Musikern aufgerüsteten Leseshow »Joe Bauers Flaneursalon«. Buchveröffentlichungen u. a.: »Ich gebe alles. Ein mentaler Anpfiff«, Berlin 2000; »Gefangen in Cleverly Hills. Stuttgarter Glossen und Geschichten«, Stuttgart 2003. »Schwaben, Schwafler, Ehrenmänner«, Berlin 2009. www.joebauer.de

Edition
TIAMAT
Deutsche Erstveröffentlichung
Herausgeber:
Klaus Bittermann
1. Auflage: Berlin 2012
© Verlag Klaus Bittermann
www.edition-tiamat.de
Druck: CPI – Clausen & Bosse, Leck
Buchumschlag unter Verwendung eines Fotos von
Lutz Schelhorn
ISBN: 978-3-89320-171-6

Joe Bauer

Im Kessel brummt der Bürger King

Spazieren und über Zäune gehen in Stuttgart

Mit einem Nachwort von
Wiglaf Droste

Critica
Diabolis
202

Edition
TIAMAT

Der Autor bedankt sich bei Jürgen Holwein für den
Rat eines Freundes.
Ein Dankeschön auch an Bettina Hartmann.

Boxer zum Barmann:
Es war im Grunde
meine Runde.

Inhalt

Die Kunst
des Müßiggangs

Bevor ich diese Zeilen geschrieben habe, ging ich am Morgen von meiner Wohnung hinaus auf die Straße, um Witterung aufzunehmen. Es war ein früher Herbsttag, sonnig und warm, die Zeit, die man bei uns Altweibersommer und in Amerika Indian Summer nennt. Für den Spaziergänger, den Stadtwanderer mit Hang zum Müßiggang, ist der Herbst Hochsaison. Im frühen Herbst verändert sich in der Stadt das Licht, das Licht verändert die Stadt. Die Blätter färben sich, aber noch nicht so heftig, dass man die Depressionen des Winters spürte.

Es gibt Bücher über die unterschätzte Kunst des Lichts in Filmen, und der Umherwandernde, egal ob in der Natur oder in den Straßen, hat von der Magie des Lichts gehört. Ein Mensch, der sich eine Stadt erwandert, fühlt sich wie die Figur eines Films; er achtet auf den Soundtrack der City, auf die Bilder, und er hat Respekt vor dem Licht.

Der New Yorker Autor Leonard Michaels schreibt in seinem Essay »Das Nichts, das nicht da ist«: »Früher gab es Innen und Außen, Drinnen und Draußen, Mensch und Natur. Früher gab es Natur. Die Menschen traten aus dem Haus ins Licht der Natur. Früher gab es Licht.« Diese Zeile fand ich in einem Buch über das Lichtgenie Edward Hopper, und ich würde sie nicht auf das Früher beschränken. Bei gutem Willen hat der Spaziergänger auch heute die Chance, aus dem Haus ins Licht der Natur zu treten, egal ob in Stuttgart oder New York.

Der Spaziergänger genießt keinen guten Ruf, schon gar nicht im Digitalzeitalter, wo man die Hinwendung zur Muße als esoterisch verachtet. Der Flaneur geht immer gegen den Wind. Die sich häufenden Berichte über die Burn-out-Probleme der Menschen verweisen zwar schuldbewusst auf das anstößige Wort »Pause«. Aber gezielter Müßiggang, etwa die Ablehnung permanenter Online-Präsenz, gilt als unprofessionell. Undenkbar, einer unserer »gesellschaftlichen Leistungsträger« (was er wohl trägt?) könnte seinen Drang zur Besinnung wie der Dichter Adalbert Stifter gestehen: »Ich ging täglich eine Zeit herum.« Mit diesen Worten eröffnet Stifter seine Spaziergänger-Miniatur »Begegnung im Wald«.

Meine Erstversuche als Herumgeher mit dem Ziel, als Berichterstatter aus vermeintlichem Nichtstun Kapital zu schlagen, gingen daneben. Ich hatte dieses Geschäft unterschätzt, war nicht vorbereitet. Ziellos durch die Stadt zu strolchen in der Hoffnung, etwas zu erfahren oder zu erleben, bekommt erst einen Sinn, wenn man sich darin übt, neben den Beinen auch den Gedanken freien Lauf zu gewähren.

Lange ging ich durch die Stadt, ohne zu merken, dass ich den Kopf nicht hob. In dieser Zeit sah ich die Stadt nur bis zur Gürtellinie. Kaum einmal war ich so klug, mir Geschäftsgebäude auch über den Schaufenstern anzuschauen.

Als mir aufging, dass ich so der Stadt nicht mehr abgewinnen konnte als ein Butterfahrten-Tourist, kaufte ich mir ein Fernglas. Heute dient es mir weniger dazu, Dinge auszukundschaften, die man mit bloßem Auge nicht sehen kann, als vielmehr zur Ermahnung, mir von Zeit zu Zeit in den Hintern zu treten, um den Hals zu recken.

Seitdem ist das Herumgehen eine angenehm anstrengende Arbeit. Bewusstes Herumgehen ohne Ziel schüttet mehr Glückshormone aus als ehrgeiziges Joggen in Wurstpellenklamotten. Der Flaneur macht einen zeitlosen Job. Zwar verändert sich ständig das Ambiente seines Arbeitsplatzes, nicht aber das Verhalten der Menschen, die ihm begegnen. Der große Berliner Flaneur Franz Hessel (1880 bis 1941) schreibt in seinem Text »Der Verdächtige«: »Langsam durch belebte Straßen zu gehen ist ein besonderes Vergnügen. Man wird überspült von der Eile der andern, es ist ein Bad in der Brandung. Aber meine lieben Berliner Mitbürger machen es einem nicht leicht, wenn man ihnen auch noch so geschickt ausbiegt. Ich bekomme immer misstrauische Blicke ab, wenn ich versuche, zwischen den Geschäftigen zu flanieren. Ich glaube, man hält mich für einen Taschendieb.«

Sieht man heute den Flaneur schon nicht als Taschen-, so doch als Tagedieb. Flaneur übersetzt man mit Herumtreiber, Eckensteher, Penner. Diese Verachtung hat mit dem Verlust der Muße zu tun, obwohl selbst der erfahrene Spaziergänger leider selten so zweckfrei durch die Stadt geht, wie es die Philosophie des Müßiggangs verlangen würde. Ist der Stadtwanderer bewusst – nämlichen offenen Auges und ohne Ohrenstöpsel – auf Tour, gerät er aus der digitalen Welt hinein in die Geschichte einer Stadt. Dieses Glück widerfährt dem Lustwanderer nicht etwa, weil er mit einem Reiseführer in der Hand historische Gebäude oder Plätze identifiziert. Es ist die Neugierde, die ihn steuert als Detektiv.

Von zeitgenössischen Stadtplanern stammt die These, es sei hilfreich, die Komposition eines bebauten Raums mit der Komposition eines Musikstücks zu vergleichen. So wie Musik nicht nur aus Noten, sondern aus Pausen bestehe, zeichne sich eine Stadt nicht allein durch Gebäude, sondern durch freie Räume aus.

Das bedeutet: Der sinnvoll angelegte Raum zwischen den Gebäuden ist genauso wichtig wie die richtig gesetzte Pause zwischen den Noten.

Eine solche Pause ist der Park – und der Park ein Ort, der als Brücke zwischen Vergangenheit und Gegenwart dient, so wie eine Kirche in der Stadt etwas über Ruhe und Stille lehrt. Man erfährt bei der Beschäftigung mit Freiräumen und Rückzugsgebieten etwas über die Menschen, die lange vor einem da gewesen sind, so wie jede Wanderung durch einen abgelegenen Stadtteil das Interesse an der Vergangenheit und der Geschichte weckt. Seltsamerweise trifft man in jeder Stadt alteingesessene Einwohner, die viele Brennpunkte der Welt bereist, aber nie den höchsten Aussichtsturm ihrer Umgebung erklommen oder gar ein Schiff auf dem Fluss vor ihrer Haustür betreten haben. Dabei wäre es die schönste Belohnung des Stadtwanderers, sich nach getaner Arbeit ein weiteres Stück Stadt auf dem Wasser zu erschließen.

Der Stadtwanderer macht psychisch befreiende Lerngänge, das gilt selbstverständlich auch, wenn er sich illegale Autorennen auf Partymeilen anschaut, das Rotlichtviertel erkundet oder prüft, wie sich der urbane Geist einer Kommune im Kunstmuseum spiegelt. Aufschlussreich und beseelend sind stets die Friedhöfe. Der Umgang mit dem Tod spiegelt das Leben.

Falsch wäre es, dem Stadtwanderer zu viele oder zu genaue Tipps zur Hand zu geben. Der Flaneur sollte orientierungslos, ohne Karte und Navigator daherkommen, sofern er gewillt ist, sich sein Terrain mit der Kraft seiner Beine und der Wachsamkeit seiner Birne zu erarbeiten. Der Spaziergänger ist frei, nur sich selbst gehorchend, als sein eigener Herumstiefelknecht.

Im Sommer 2011 ist im S. Fischer-Verlag das schöne Buch *Auf buntbewegten Gassen – Literarische Spaziergänge von Schiller bis Kafka* erschienen. Was es mit dem Zusammenspiel von Stadt und Natur auf sich hat, erklärt darin Karl Gottlob Schelle (1777 bis 1825): »Beyde Arten von Lustwandeln, im Freyen der Natur und auf öffentlichen Spaziergängen einer Stadt, erfüllen den Zweck des Lustwandelns; nur erfüllt ihn jede nicht ganz. Es müssen beyde miteinander verbunden werden, wenn das Lustwandeln alle die Vortheile gewähren soll, welche sich davon für unsere geistige Existenz versprechen lassen.«

Diese Sätze gelten, solange wir Wandern auf Schusters Rappen als geistiges Wandeln begreifen. Bald kommt der Winter, und das Licht wird alles verändern.

Hirsch da Lupo

Zwischen den Jahren sind die Rhythmusstörungen in der Stadt zu spüren. Nur wenige Obst- und Gemüsehändler haben es am Morgen auf den Marktplatz vor dem Rathaus geschafft. Die aufgekitschten Bretterbuden des Weihnachtsmarkts sind verschwunden, der Platz liegt da wie ein geräumtes Camp. Auf den Pflastersteinen Tannenzweige, als hätte man im Nahkampf Christbäume wie Gänse gerupft, und aus den Freiluftboxen bei Breuninger dröhnt »Kling, Glöckchen, klingelingeling«. Der Kaufhaus-DJ bemerkt das falsche Timing, er schaltet um auf Hotelbar-Jazz.

Die Jazzmusik in Deutschland, habe ich am Morgen in der Zeitung gelesen, schwächelte im alten Jahr bedrohlich. Um nicht frühzeitig selbst dem Jazz zu folgen, kaufe ich mir auf dem Markt ein Glas Hägenmark. Ein Löffel Hägenmark am Morgen macht stark, wenn die Dinge zu Ende gehen. Bevor Weihnachten zu Ende gegangen war, fuhr ich zum ersten Mal mit der neuen Stadtbahn-Linie 15 nach Stammheim. Straßenbahnfahren in unerforschten Gegenden ist an harten Tagen weniger depressiv, als zu Fuß zu gehen.

Die wenigen Leute in der Bahn sprechen Italienisch oder Türkisch, und sie klingen, als hätten sie Gründe, fröhlich zu sein. Ich schaue zum Fenster hinaus, lese die Werbung und versuche mir einen Reim auf die Plakate von Marlboro zu machen: »Don't be a Maybe«.

Meine Übersetzungskünste sind eher landläufiger Natur. Ich notiere: »Sei kein Vielleicht-Typ«, »keine Mal-so-mal-so-Memme«, »kein Eventuell-Trottel«.

Leider rauche ich seit Jahren nicht mehr, und meine Maybe-Übersetzung zündet auch nicht. Dann kommt es mir. Das englische Maybe als Hauptwort bedeutet zu Deutsch: der Womögliche. Jeder weiß, was ein Womöglicher ist: ein Grünen-Politiker, einer wie Cem Özdemir. Heute so, morgen so, und übermorgen klingelingeling. Cem Maybemir. Der Vielleichtgewichtler aus Bad Urach.

Nordbahnhof, Pragsattel, Feuerbach, Zuffenhausen. Die Kneipen linker Hand heißen – als hätte es die Globalisierung nie gegeben – Linde und Wallenstein, Löwen und Sonne. Die Sonne – man kann es weithin lesen – offeriert Übernachtungen ab 23 Euro. Ein fairer Preis zum Probeliegen, wenn man bedenkt, was eine Ruhestätte auf dem Pragfriedhof kostet.

Die Bahn fährt zügig, wir lassen die Sonne und viele Zockerbuden hinter uns, und bald erreichen wir Stammheim. Durchs Fenster sehe ich das Straßenschild Tuchbleiche. Früher wurde an diesem Ort handgewobenes Leinen auf den Wiesen der Sonne zum Bleichen ausgelegt. Heute ignoriert man die alten Flurnamen in der Stadt.

Wer an der Endstation Stammheim aussteigt, landet zwischen dem Fachwerkhaus mit der Gaststätte *Rössle* und dem etwas schäbigeren Altbau mit dem *Asperg-Stüble*. In beiden Kneipen ist das Bier günstig, keine Orte für zögerliche Maybes.

An der Haltestelle sehe ich ein Plakat: »Flittchen im Kittchen«, die Ankündigung für ein Stück im Renitenztheater, man hat es »SingSingSpiel« genannt. Sing Sing war hierzulande mal ein anderes Wort für Gefängnis, Kittchen oder (wie in Stuttgart) *Containamo*, meist in deutschen Film- und Fernsehklamotten Mitte des vorigen Jahrhunderts. Sing Sing heißt bis heute der berüchtigte Hochsicherheitsknast im US-Bundesstaat New York, der Name ist abgeleitet von dem Indianerwort »Sint Sinks«, zu deutsch: Stein für Stein. Stein für Stein mussten die Gefangenen ihren Knast Sing Sing im 19. Jahrhundert selbst bauen. Die moderne Marktwirtschaft kennt diese Produktionsweise als Synergie-Effekt.

Von der Endhaltestelle aus ist das Stuttgarter Sing Sing zu sehen, weltweit berühmt als Stammheim. Ein Gefangener kann sich, sofern des Deutschen mächtig, keinen zynischeren Namen für einen Knast vorstellen als Stamm-Heim. Vor dem Gefängnis sehe ich am Besucher-Eingang den Hinweis: »Tür öffnet und schließt selbsttätig.« Ich beschließe, draußen zu bleiben.

Imposant ist die Umgebung der Justizvollzugsanstalt Stuttgart. In der Nachbarschaft haben kluge Politiker den Treff *Sieben Morgen* untergebracht, das soziale Stamm-Heim der freien Kinder und Halbwüchsigen im hohen Norden. Vor dem Jugendhaus ließen sie Schutzschilde aus Stahl und Holz aufstellen, wohl mit der pädagogischen Weitsicht, den Insassen den Blick auf ihre Zukunft zu verbauen.

Den entscheidenden Beweis für eine erfolgreiche Integrationspolitik in Stammheim finde ich auch außerhalb der Knast-Gegend. Als ich an einer Pizzeria vorbei komme und ihren Namen lese, geht er mir runter wie zwei Löffel Hägenmark. Die Kneipe nennt sich: *Hirsch – da Lupo.*

Ein Hoch auf Lupo, den guten Wolf von Stammheim. Er hat dem alten Hirsch die Haut gerettet.

Der Apotheker

Mit meinem Klaprechner, den ich zur Freude mancher Leser auch Fink nenne, stiefelte ich durch die Stadt und suchte einen Platz zum Aufwärmen. Die Stadt im frühen März war so kalt, dass ich bald die Hoffnung aufgab, irgendwo drinnen könnte es wärmer sein als draußen. Und weil ich in einem Alter bin, wo man die *Apotheken Umschau* neben den *Rolling Stone* legt, ging ich in eine Apotheke. Das war weit im Westen der Stadt. Ich verlangte Aspirin Complex, Schnupfenspray mit 24-Stunden-Wirkung sowie 1000 Jodtabletten.

Ich plauderte ein wenig mit dem Apotheker, ich hatte ihn nie zuvor gesehen. Er hatte weiße Haare, wache Augen und vermutlich schon einige Jahre vor mir die *Apotheken Umschau* neben den *Rolling Stone* gelegt. Wir sprachen über die Machenschaften der Pharmaindustrie, und er erzählte, wie er neulich Geld für Medikamente an einen US-Konzern überweisen musste, obwohl er für die gleichen Pillen noch wenige Tage zuvor bei einer deutschen Firma bezahlt hatte. »Der große Tiger frisst alles«, sagte er und führte seine Hände zum Mund. »Ja«, sagte ich, »alles gehört heute denselben Banditen.« »Da haben Sie recht«, sagte der Apotheker, »überall das gleiche Lumpenpack. Ich sage Ihnen: Die stecken alle unter einer Decke.« Der Mann war mir auf Anhieb sympathisch, auch weil ich den Ausdruck Lumpenpack seit Jahren nicht gehört hatte. Das Wort klingt betörend, wie der heute leider vergessene Scherenschleifer, der Halbdackel oder Kuttenbrunzer.

Nachdem wir drei Minuten lang das organisierte Verbrechen von China bis Kalifornien beleuchtet hatten, gab mir der Apotheker den Kassenbon. Es machte 29 Euro fünf. Ich legte 30 Euro auf den Tisch, und der Apotheker gab mir zwei zurück. Als ich ihn verwundert anschaute, sagte er: »Wir runden ab auf 28 Euro. Endlich habe ich mal einen gefunden, der die gleiche Gesinnung hat wie ich.«

Ich bedankte mich überschwänglich, griff die neue *Apotheken Umschau* und ging herzerwärmt hinaus in die Kälte. Nie zuvor hatte ich von einem Gesinnungsbonus im Pharmageschäft gehört.

Ich stieg in eine Bahn Richtung Stadtmitte, kaute auf einer Ladung Jodtabletten und blätterte müde in der brandneuen *Apotheken Umschau* – bis ich auf einen Bericht stieß, der besser aufputschte als Aspirin Complex. Der Text handelte von den Orientierungsproblemen des Menschen.

Seit ich lebe, habe ich enorme Schwierigkeiten, mich in der Welt zurechtzufinden. Die Ursache des Problems, erfuhr ich aus dem Artikel, ist die Tatsache, »dass der regelmäßige Gebrauch von Navigationsgeräten den Orientierungssinn verkümmern lässt«.

Diese Nachricht war ein Schock. Wenige Tage zuvor war es mir nur mithilfe meines Taschentelefons gelungen, Namen und Standort eines Frankfurter Cafés zu ermitteln, in dem ich gerade Kartoffelsuppe mit Wiener Würstchen zu mir nahm. Seit jeher leide ich an katastrophaler Orientierungslosigkeit. Allein deshalb habe ich Stuttgart nie verlassen. Noch heute kommt es vor, dass ich mich in meiner Nachbarschaft verlaufe. Es gab Zeiten, da habe ich tage- und nächtelang nicht nach Hause gefunden. Nicht einmal mit dem Taxi.

Der Artikel in der *Apotheken Umschau* hieß »Kompass im Kopf« und förderte wichtige psychologische Erkenntnisse zu Tage. Zitat: »Da das Auge eine herausragende Rolle spielt, tun sich blinde Menschen grundsätzlich mit der Orientierung schwer.«

So präzise hatte das noch nie einer gesagt. Jetzt erst wurde mir mein wahres Handicap bewusst. Als ich ausstieg, begriff ich, warum etwas nicht stimmt mit meinem Kompass im Kopf. Gott hat vergessen, die Nadel einzubauen. Kaum aus der U-Ebene aufgetaucht, sah ich in der Eberhardstraße einen Computerladen, und ich war mir sicher, dass an dieser Stelle noch kurz zuvor ein Waffengeschäft für Luftgewehre, Schmetterlingsmesser und Pfefferspray geöffnet hatte. Könnte sein, dass ich vor dem Geschäft eine Wahrnehmungsstörung erlitten hatte. Als härteste und blutigste Waffe gilt inzwischen der Computer, weit wirkungsvoller als jede Kalaschnikow. Die Amerikaner behaupten bis heute, der Klapprechner sei dem Kriegsbeil überlegen. Vietnam, Afghanistan und *Avatar* in 3 D jedoch haben uns etwas anderes gelehrt.

Sobald mein Schnupfen auskuriert ist, werde ich mir eine neue Krankheit zulegen und erneut den weisen Apotheker aufsuchen. Bis dahin müssten Berlusconi und Gaddafi, Mubarak und Kretschmann vom Schirm sein. Und der Apotheker und ich würden so viel und so lange über die Rest-Mafia zu reden haben, bis sich meine Medikamentenrechnung bei null einpendeln dürfte.

Allerdings gibt es inzwischen ein Problem: Ich habe keine Ahnung, wie ich meine Apotheke wiederfinden könnte. Sie war verdammt tief im Westen, ich kann mich nicht an die Adresse erinnern, auch nicht an ihren Namen. Mir wird nichts anderes übrigbleiben, als wildfremde Leute in den Straßen zu fragen, ob jemand den weisen Apotheker vom Westen kennt. Ich muss ihn finden, er ist der letzte Mann mit einem Kompass im Kopf. Helfen Sie mir, werde ich den Leuten zurufen: Ich suche den Mann, der weiß, wo das verfluchte Lumpenpack unter einer Decke steckt.

PS: Anfang 2012, ein Jahr, nachdem dieser Text erschienen war, erhielt ich anonym eine Nachricht, mein Apotheker sei gestorben.

Der Zaun

Nicht ohne Grund kommt der Spaziergänger oft daher, als hätte man aus seinem Pferd Salami gemacht. Der Spaziergänger ist der kleine Bruder des Cowboys. Feinde des Spaziergängers sind nicht der Autofahrer oder der Radfahrer. An diese Kampfmaschinen hat er sich gewöhnt. Der Spaziergänger hat etwas gegen Zäune. Wer Herumstreunen als einen Akt der Freiheit begreift, sieht den Zaun als Symbol des Bösen.

Die Verachtung gilt in erster Linie dem Stacheldraht, einer amerikanischen Farmer-Erfindung des späten 19. Jahrhunderts. Warum der Cowboy Stacheldrähte hasst, hat uns King Vidors Western *Man Without a Star* von 1955 gelehrt. Kirk Douglas spielt einen Mann, der erlebt, wie sie den Traum von endloser Weite und Freiheit zerstören. Nach der Jahrtausendwende sollte zwischen den Vereinigten Staaten und Mexiko ein mehr als tausend Kilometer langer Zaun gebaut werden.

Vor allem die Deutschen haben Zäune als Vehikel der Niedertracht kennengelernt. Am 13. August 1961, sechzehn Jahre nach dem Nazi-Terror mit seinen KZ-Zäunen, begann die DDR-Regierung mit dem Bau der Berliner Mauer. Als fast ein halbes Jahrhundert später Journalisten ohne Ortskenntnisse die »Stuttgarter Republik« ausriefen, stand in deren Hauptstadt ein Zaun. Kein Stacheldrahtzaun, ein Bauzaun aus Maschendraht. Die Deutsche Bahn und ihre Helfershelfer aus der Politik hatten ihn zur Kastration des Hauptbahnhofs errichten lassen. Er schützte die Barbaren bei der Zerstörung des denkmalgeschützten Paul-Bonatz-Baus. Im August 2010 fiel der Nordflügel. Später wurde auch der Südflügel abgehackt.

Kaum war im Sommer 2010 der Bauzaun am Bahnhof aufgebaut worden, verkörperte er mehr, als den Drahtziehern der Profitmaximierung lieb sein konnte. Die Gegner des Größenwahnprojekts Stuttgart 21 eilten nicht etwa herbei, um das hässliche Stadtmöbel einzureißen. Sie nutzen es als Aushängeschild ihrer neu erwachten Fantasie.

Es war klar, im Monat August, der Geburtsstunde der deutschen Mauer, würden auch die Berliner Bilder in den schwäbischen Köpfen spuken. »Halt, Zonengrenze!«, stand auf einem Schild am Bauzaun, »Sie verlassen den demokratischen Sektor der Stadt Stuttgart.« Bald war der Zaun mit Zeugnissen erstaunlicher Kreativität behängt, die Botschaften oft politischer als einst die Lackmeiereien der Berliner Mauer-Sprayer (»Schade, dass Beton nicht brennt«).

Neben Brecht und Gandhi, Jesus und Maria hatte in Stuttgart naturgemäß der Kalauer seinen großen Auftritt. Auf der *Saustelle*, Teil der *Bahnanenrepublik*, herrschten die Gesetze der *TaliBahn*, und beim Blick auf den geplanten Tiefbahnhof lautete die erste Lebensregel: »Oben bleiben – Unter die Erde kommen wir noch früh genug.«

Der ideenreich behängte Zaun wurde eine Touristenattraktion, besonders gefiel er als Galerie des *Lügenpacks*, angeführt vom Regierungschef Mappus, dem fülligen Paten der *Mappia*. Wie überheblich und einfältig die Machtbacke von Mühlacker operierte, brachte eine Kabarett-Sendung im ZDF ans Licht. Der Ministerpräsident hatte die SPD im Landtagswahlkampf 2011 mit einem Zirkus-Lama in der Fußgängerzone verglichen: Mitleid erregend und im Weg stehend, wie ein Zaun. Diesen Gag hatte ihm nicht wie sonst sein Vormund aus der Investmentbanker-Branche diktiert. Diesmal hatte er seinen Spruch bei dem Komiker Erwin Pelzig gestohlen. In seiner Show führte Pelzig vor, wie stümperhaft Mappus die Lama-Nummer am Rednerpult aufführte.

Politischer Stil war längst begraben, als der Bauzaun stand. Ende 2011 stellte das Stuttgarter *Haus für Geschichte* den zerlegten Bauzaun im Museum aus. Dahinter steckte das Kalkül, der Protest lasse sich nicht nur als Zeitgeist- und Event-Stoff ausschlachten, sondern auch für beendet erklären. Da zuvor die manipulierte Volksabstimmung stattgefunden hatte, sollten die Unbedarften glauben, der Protest sei in der Abstellkammer der Geschichte gelandet. Verräterischer Titel der Schau: »Dagegen leben?« Diese Frage entsprach der politischen Meinungsmache, die Protestbürger seien die üblichen »Fortschrittsverweigerer«.

Mein eigenes Zaun-Erlebnis hatte ich am 20. Juni 2011. An diesem Tag war ich als Schlussredner bei der Montagsdemonstration am Hauptbahnhof eingeteilt. Einleitend erinnerte ich daran, dass am 20. Juni 1933 Clara Zetkin gestorben sei, eine große Demokratin, die viele Jahre in Stuttgart gelebt habe, erst in Sillenbuch, dann in der Blumenstraße. Früh schon habe diese Frau begriffen, wo die Politik der SPD einmal hinführen werde: zu Sozenspießern wie Drexler, Schmiedel, Schmid ...

Kurz vor dem Tag meiner Rede war der 14. Juli 2011 als Datum für die Veröffentlichung der sogenannten Stresstest-Ergebnisse für S21 ausgerufen worden. Der 14. Juli als Erntedankfest des Schlichtungsheuchlers Geißler, einem oft gewürdigten Zaun-Gast der Lügenpack-Galerie, und so wählte ich als Schlusspointe meiner Rede wieder einen historischen Schlenker. Wenn ich richtig informiert sei, sagte ich, hätten die Bürger von Paris an einem 14. Juli beim Sturm auf die Bastille eine Tat vollbracht, die ganz Frankreich bis heute mit einem Feiertag zu würdigen wisse.

Ich war bereits auf dem Weg nach Hause, als die Nachricht kam, Unbekannte hätten den Bauzaun gestürmt und Rohre für das »Grundwassermanagement« der Baustelle beschädigt. Ferner habe es ein Gerangel mit einem bewaffneten Zivilpolizisten gegeben. Der Beamte sei »schwer verletzt« worden. Zwar saß er, wie man wenig später auf Videos sehen konnte, nach dem Kampf telefonierend im Auto und verließ nach Aussagen seiner Kollegen am nächsten Morgen bei guter Gesundheit das Krankenhaus. Dennoch wurde lange die Mär verbreitet, man habe ihn »halb totgeschlagen«. Die wie stets auf dem rechten Auge objektive Staatsanwaltschaft ermittelte wegen »versuchter Tötung«. Prompt wurde ich wegen meiner Bastille-Bemerkung als »Hetzer« und »Brandstifter« beschuldigt. So etwas ist üblich in einer Stadt, von der es heißt, sie sei geteilt.

Da aber am Tatort Zangen zu sehen waren, gehe ich bis heute davon aus, dass sich die Rohrsoldaten ihr Werkzeug schon vor dem Schlusssatz meiner Rede besorgt hatten. Der nächste Obi nämlich liegt etliche Kilometer entfernt. So war es an diesem 20. Juni wohl ein anderer Agent als ich, der beweisen wollte: Auf dem Weg zur Freiheit ist mein Freund, der Zaun, kein Hindernis.

Der Vollheutige

Viel bin ich nicht herumgekommen in den vergangenen Tagen. Bad Berg. Dachswald. Sofa. Auf dem Sofa las ich eine Kurzgeschichte von James Salter: »Es war eigentlich wie in einer Ehe, uninteressant, aber was gibt es sonst?«

Das gab mir Hoffnung. Ich führe keine Ehe.

Die Schwierigkeiten von Beziehungen fangen an, bevor die Beziehungen beginnen. An der Haltestelle Berliner Platz hörte ich einen Jungen zu einem Mädchen sagen: »Warum nimmst du mich nicht mit zu dir nach Hause? Schließlich habe ich das Essen bezahlt!«

Junge, wollte ich sagen, du warst beim falschen Koch. Der Junge sah stärker aus als ich. Seinen Satz, er habe das Essen umsonst bezahlt, schrieb ich in mein Notizbuch. Wenn tagelang nichts in mein Notizbuch wandert, war das Leben wie in einer Ehe.

Am Sonntag, als es sonst nichts gab, sah ich mir den amerikanischen Dokumentarfilm *Inside Job* an, er handelt von den Gründen des Börsendesasters 2008. In dem Film sagt ein Banker: Die wenigen Experten, die davor gewarnt haben, dass die Blase platzt, hat man als *Ewiggestrige* verspottet. Der Ewiggestrige schlug bei mir ein. Ich kenne das Wort. Der Ewiggestrige ist ein politischer Kampfbegriff, ein Totschlagargument. Ständig versucht das Zockerpack, Gegner und Opfer des Blasenplatzens als Hinterwäldler, Waldschrate, Hippies zu verspotten.

Leute, die andere Leute Hippies nennen, haben keine Ahnung, wo das Wort Hippie herkommt. Was es bedeutet. Wer anderen Leuten unterstellt, ewiggestrig zu sein, weiß so gut wie nie etwas über das Gestern. Vom Ewigen ganz zu schweigen. Woody Allen sagt: Die Ewigkeit dauert lange, besonders gegen Ende.

Ich frage mich: Was kommt eigentlich nach der Zukunft?

Neulich hat mir ein Fortschrittlicher seine Erkenntnis gemailt, Leute, die gegen S 21 protestierten, seien »Nostalgiker«. Und weil er nicht genau wusste, was das ist, lieferte er kopierte Textstellen aus Wikipedia mit: Nostalgiker, ist da zu lesen, verklärten die Vergangenheit. In einem eigenständig formulierten Satz fügte er hinzu: Leute, die gegen Stuttgart 21 protestierten, hörten nur Jimi Hendrix und Rolling Stones.

Wer solche Klugheiten über den Ewiggestrigen verbreitet, ist ein *Vollheutiger*.

Ich antwortete dem Vollheutigen, es sei noch schlimmer, als er denke: Manche dieser Leute hörten sogar Mozart und Bach. Bis heute hätten sie nicht das Zeitgemäße und Morgige von Florian Silbereisen erkannt.

Lustig, wenn ich bei Ratzer Records in der Altstadt neue Schallplatten gekauft habe und mit meiner Tüte nach Hause gehe. So gut wie immer treffe ich unterwegs einen Vollheutigen, der mich fragt, ob ich »wieder alte Scheiben« gekauft hätte, von Hendrix, den Rolling Stones und so. Wenn ich antworte, ich hätte mir gerade brandneue Vinyl-Produkte von blutjungen Musikanten besorgt, alle erst gestern aufgenommen und heute veröffentlicht, schaut mich der Vollheutige mitleidig an. Er denkt, ich leide an Alzheimer.

Mein Hinweis, der Ewiggestrige könne mithilfe seiner LP die Musik sogar im Internet herunterladen oder als CD hören, bringt den Vollheutigen vollends aus der Fassung. Woher soll er wissen, dass CD oder Download-Code oft serienmäßig im LP-Cover liegen? Der Vollheutige ist bis heute nicht im Heute angekommen. Jeder Musiker, der etwas auf sich halte, sage ich zum Vollheutigen, bringe seine Musik auch auf Vinyl heraus. Eine Frage des Stils. Der Vollheutige glotzt ungläubig.

Ich sage: Vinyl ist wie Sex. Nicht vom Internet abhängig, zum solistischen Herunterladen geeignet, aber auch bei zwischenmenschlichen Angelegenheiten von Vorteil. Ein Essen auszugeben ist ja heute keine so sichere Sache mehr.

Verstehst du, sage ich zum Vollheutigen, einer LP-Hülle die Plastikfolie abzustreifen, die dichte Pressung mit heißen Fingern zu streicheln, das Ding in den Händen zu halten, die Scheibe samt Booklet herauszuziehen, die Nadel richtig anzusetzen, das ist ein haptisches Erlebnis, erregender als deine Ehe, wo es sonst nichts gibt.

Früher, als es Vinyl und keine CDs und keine Computer gab, hat mich diese Erfahrung nicht angemacht. Oft ist mein Schwarzes Gold in Whiskey-Cola geschwommen und kaputt gegangen. Heute bin ich scharf auf die Dinger. Beim ewiggestrigen Elektrogeschäft Dräger in der Hauptstätter Straße habe ich mir einen nagelneuen Plattenspieler gekauft. Damit höre ich Musik, die es heute ohne Mozart und Hendrix nicht gäbe.

Der Ewiggestrige – um die Sache abzuschließen – ist ein Außerirdischer, der Vinylplatten hört und Filme im Kino schaut, Bücher liest, Museen besucht und im Gegensatz zum Vollheutigen weiß, dass es auch Museen für Zeitgenössisches gibt. Der Ewiggestrige macht diese Dinge, damit er eher heute als morgen merkt, welche aufgekochte Scheiße die wahren Gestrigen dem Vollheutigen als Fortschritt und Zukunft verkaufen.

Vom Ende der Uhr

Es ist kein Verbrechen, Zeit zu verschwenden. Am Ende ist es wurscht, ob man sie totgeschlagen hat. Abgelaufen wäre sie so oder so. Die Zeit ist ein philosophisches Problem, und in meinem Alter hat man zum Glück nicht mehr die Zeit, es zu lösen.

Am Hölderlinplatz steht eine Standuhr. Es ist nichts Ungewöhnliches, wenn eine Standuhr steht. Leider aber stehen seit langem auch ihre Zeiger. Es sieht aus, als sei die Zeit nicht nur stehengeblieben. Sie hat sich aus dem laufenden Betrieb verabschiedet.

Neben der Standuhr gibt es einen Zeitungskiosk. Das heißt: Es gab mal einen. Die Betonbude, nicht wesentlich größer als ein Karton aus dem benachbarten Schuhgeschäft, steht zwar noch. Allerdings hat man den Rollladen auf eine Weise heruntergelassen, die jede Hoffnung zunichtemacht. Vor einigen Jahren noch hat hier Frau Balogh Zeitungen und Illustrierte verkauft. Auf dem Tresen standen Gläser mit eingelegten Paprikascheiben, und im Notfall gab es einen Magenbitter. Eines Tages war Frau Balogh weg und der Kiosk dicht.

Jedes Mal, wenn ich am Hölderlinplatz aus dem 40er-Bus steige und die Standuhr neben dem Fernsehgeschäft Eberle sehe, muss ich an Frau Balogh denken. Nicht selten erschienen mir ihre Einmachgläser als einzige Orientierungspunkte im Warnlichter-Chaos am Hölderlinplatz.

Am Hölderlinplatz gibt es so viele Ampeln, dass daneben keine Uhr Überlebenschancen hat. Ich weiß nicht mehr, an welchem Tag die Uhr stehengeblieben ist. Spielt keine Rolle. Heute ist es immer zehn nach zwei oder fünf vor viertel drei.

Tatsache ist: Uhren im öffentlichen Raum haben ausgespielt. Schon einige Male habe ich Leser-Mails mit der Aufforderung erhalten, ich solle mich endlich um die verdammten Uhren kümmern. Um die schönen Uhren, die es nicht mehr gibt.

Die öffentliche Uhr verschwindet aus dem Stadtbild. In der urbanen Möblierung spielt sie keine Rolle mehr. An etlichen Haltestellen wurde die Uhr abmontiert, ohne dass einer deswegen die Alarmglocke geläutet hat. Vermutlich ist es der Straßenbahngesellschaft zu teuer, die Zeit anzuzeigen, wo man doch keine mehr hat.

In der Stadt ist es schon lange fünf vor zwölf. Die Superzeitgemäßen steuern ihre Bulldozer ohne Respekt vor Raum und Zeit gegen die Würde der Menschen. Man könnte glauben, mit den Uhren habe auch die Zeit ausgedient. Man spricht nicht mehr von Zeit. Man labert von *Zeitfenstern* und *Zeitschienen*. Diese Begriffe sollen die Hohlheiten zeitgemäßer Marketingmanager kaschieren. Im Bahnhof hängt ein zeitgemäßes Werbeposter für kalten Kaffee aus dem Plastikbecher: »Unser Beitrag zur Bahnhofs-Debatte: erst mal abkühlen«.

Ich erhalte Mails mit der Frage, wie mein Zeitfenster aussehe. Versifft, antworte ich, seit Jahren hat es keiner geputzt. Putzen die Leute ihre Fenster eigentlich immer noch mit Zeitungspapier? Mir hat man gesagt, Zeitungspapier sei das Beste, um Fenster blank zu wienern. Etwas Glasreiniger auf die Scheibe – dann mit einer zusammengeknüllten Zeitungskolumne wischen, bis sich im Glas die Bartstoppeln spiegeln. Warum aber hat Frau Baloghs Kiosk geschlossen? Poliert denn keiner mehr sein Fenster mit gutem Zeitungspapier?

Seltsam. Das Straßenleben am Hölderlinplatz blüht und gedeiht. Nur die öffentliche Uhr steht herum wie ein Baum, den nie ein Hund anpisst.

Die Zeit, das ist mein Trost, läuft. Sie läuft auch ohne öffentliche Uhr. Die großen öffentlichen Agenten hinter ihren Zeitfenstern brauchen nicht zu glauben, sie würden unsterblich, weil die öffentliche Uhr ausstirbt. Die Zeiten ändern sich bei Zeiten, und bis zur Sekunde ist offen, wer als nächster die Glocke hört.

PS: Wenige Tage nach Erscheinen dieses Textes geschah ein Wunder: Die Uhr am Hölderlinplatz lief wieder.

Gedanken sind frei

Der Sänger trug Schlips und Smoking, er sang im Freien in der Abenddämmerung, es war Sommer, und ich hatte Geburtstag. Aus meinem angenagten Korbsessel konnte ich die eiserne Brücke der Gäubahn sehen. Der Sänger sang Lieder von Robert Schumann mit Texten von Heinrich Heine, und selbst wenn ein Zug über die verschnörkelte Eisenträgerkulisse der alten Brücke donnerte, war er tadellos zu verstehen. Ein gutes Lied, schrieb ich in mein Notizbuch, verstummt auch nicht, wenn die Eisenbahn es überrollt.

So war das im Sommer 2011, in der ehemaligen Gärtnerei Jakob bei den Wagenhallen am Nordbahnhof, einer Trutzburg namens Jakob 17, die noch einige Wochen lang ein paar Künstlern als Spielstätte dienen sollte, bevor sie Stuttgart 21 zum Opfer fiel. Im Publikum saß auch der Immobilien-Mann der Deutschen Bahn, und ich lüge nicht, wenn ich Ihnen berichte: Auch der Vermieter der Jakob-Idylle war sichtbar gerührt, als der Opernsänger in den Abendhimmel sang: »Die alten, bösen Lieder, / Die Träume bös und arg, / Die lasst uns jetzt begraben, / Holt einen großen Sarg.« Am Ende des Konzerts verabschiedete sich das Publikum mit einem herzzerreißenden Abendchor. Vom Pianisten begleitet, sangen alle gemeinsam: »Die Gedanken sind frei.«

Das gefiel mir. Gedanken sind frei, sie fliegen und stürzen ab, bis eines Tages vielleicht die Stadt erwacht. Die Nacht brach herein, ich fuhr noch eine Weile mit der Straßenbahn herum und ging ein Stück zu Fuß, um mir die Zeit zu vertreiben, als ich auf dem Weg zum Neckartor an einer Hauswand die Werbung einer Fluggesellschaft sah: »Nonstop vom Städtle ins Weltstädtle«.

Fast immer wenn mich die schwäbische Verkleine-rungsform grüßt, erleide ich einen Schluckauf. Obwohl selbst ein gelernter schwäbischer Kleingeist, kommt es mir hoch, sobald ich am Schwanz eines Wortes die er-zwungene Endung »le« höre. Das gilt selbstverständlich nicht für den Bäcker Schmälzle, für Herrn Häberle oder den alten Freund Karle. Doch bis heute bin ich dem schwäbischen Kabarettisten Uli Keuler dankbar, dass er einst die Diminutiv-Trottel vorführte, indem er ihr »Ländle« im entlarvenden Ton der Möchtegerne aus-sprach: »Lönd-lö«.

Mit Ländle ist das auch in unserer Gegend nicht unbe-kannte Bundesland Baden-Württemberg gemeint. Leider aber wird das entwürdigende Unwort »Ländle« nicht nur von den Kreisklassekomikern der auswärtigen Medien benutzt. Das dackelhafte lö dient auch im eigenen Stall zur folkloristischen Hinrichtung des Selbstwertgefühls.

Sei's drum. »Ländle« ist nicht mehr aus dem Sprachge-brauch zu tilgen. Dieser Kampf ist verloren, ich weiß. Dass aber ein weiterer idiotischer Diminutiv-Begriff kur-siert, kann nicht straffrei durchgehen: Es handelt sich um das *Städtle*. Die verschwäbelte Städtle-Leier klingt nach dem Geist der Mäulesmühlö, der kulturellen Hochburg der SWR-Unterhaltung.

Vor allem junge Menschen, vorzugsweise die Content-Apostel am Lifestyle-Counter, gebrauchen das Dumm-wort Städtle, sobald sie die Bars der Theodor-Heuss-Straße heimsuchen oder bei Breuninger Calvin-Klein-Unterhosen kaufen. Keiner hat diesen naiven Nachäffern gesagt, wofür der Begriff Städtle in Wahrheit steht – nämlich für die Stuttgarter Altstadt bzw. den traurigen Rest, der von ihr übrig geblieben ist.

Ging ein erfahrener Mann einst ins Städtle, landete er zwischen Charlotten- und Wilhelmsplatz, zwischen Hauptstätter Straße und Olgastraße. Oder er tauchte ein in die Stripper-Buden-Kulisse der Vereinigten Hüttenwerke, wo heute das hässliche Schwabenzentrum steht, diese

Ausgeburt obszöner Stuttgarter Stadtplanung. Genau genommen diente der Begriff Städtle einst als Kosenamen für das Rotlichtmilieu. Das klang ehrenvoller und origineller als Strich oder Gosse, zumal das Stuttgarter Städtle früher als subkultureller Kiez mit einer eigenen Sprache und den Relikten sportlicher Fairness halbwegs Respekt verdiente.

Das heutige Sprach-Babylon in den Köpfen ist leicht zu erklären: Die Altstadt mit ihren geplagten Huren des Elends ist nicht mehr als urbanes Zentrum der Stadt im Bewusstsein der Menschen. Die Politiker und ihre Verwaltung lassen das Quartier seit Jahrzehnten verkommen, kümmern sich weder um Bausubstanz noch um Denkmalschutz. Die architektonische Psychologie des Viertels ist zerstört. Ein Jammer.

Viele alte Häuser wären erhaltenswert. Teilweise gehen ihre Ursprünge zurück bis ins 15. Jahrhundert. Es gibt eine lange Liste mit Kulturdenkmälern aus Gotik, Barock, Klassizismus, Jugendstil.

Die liebevolle Bezeichnung Städtle galt früher der Altstadt, unserer heute vergessenen City. Vor diesem Hintergrund ist es Hochstapelei und Propaganda, im Investorenwahn geplante Konsumkästen wie an der Tübinger Straße als »neue Mitte« auszurufen. Das Städtle – mit dem Bohnenviertel, dem Leonhardsviertel und den Resten auf der anderen Seite der Stadtautobahn – wäre immer noch in der Mitte der Stadt, nämlich im Herzen vieler Stuttgarter, würde es nicht behandelt wie eine Quarantäne-Station für Abgeschriebene und Unerwünschte.

Es ist hoffnungslos. Wenn heute Reklame-Typen die Fluglinie Stuttgart–New York mit dem Spruch »Vom Städtle ins Weltstädtle« verkaufen, haben sie, ohne es zu ahnen, den weltweiten Einfluss der schwäbischen Sprache entdeckt. Auch die Amerikaner pflegen mit Hochachtung Verniedlichungswörter mit der Endung le. Ich kenne eins. Es heißt *asshole*. Zu deutsch: Arschlöchle.

Gedanken sind frei.

Im Hause
Zimmermann

Ahnungslos stiefle ich an einem trägen Julitag 2012 durch das Leonhardsviertel und die Weltgeschichte, bis ich den Wirt Heinrich Huth vor seiner Kneipe treffe. Heinrich, 49, ist ein stattlicher Mann mit Zopf und Bauch. Seit zwölf Jahren führt er die *Jakobstube*. Er nennt sie ein »unverfälschtes Stück Altstadt«. Der Schwulen-, Damen- und Barhockertreff in der Jakobstraße 6 ist gut für einen Absacker, ob am Tag oder in der Nacht spielt keine Rolle.

Eine Milieukneipe für zwei Dutzend Gäste, raumgreifend die Theke, auffälligste Dekoration zwei Spielautomaten. Früher war in den Räumen des Lokals eine Wäscherei. Die Chefin war Frau Kötzle, sie kümmerte sich um die Garderobe der Altstadt-Jungs und gab im Notfall Kredit. Neuerdings dürfen die Gäste der Jakobstube auch vor der Tür Platz nehmen. Zehn Jahre lang habe er bei den Ämtern für die Straßenbestuhlung gekämpft, sagt Heinrich. Er hat nicht aufgehört zu kämpfen. Bis heute hat er den Traum, die Altstadt könnte eines Tages ein buntes, lebenswertes Quartier werden. Zufall, dass wir an diesem heißen Sommertag vor der Jakobstube plaudern. Es gibt immer viel zu diskutieren im Rotlicht, und Heinrich kennt sich aus. Er weiß, wer die übelsten Häuser in der Nachbarschaft besitzt, welcher politischen Partei die Herrschaften angehören, und er hat nachgeforscht, was es mit dem Gebäude der Jakobstube auf sich hat.

In dem Haus in der kleinen Fußgängerzone zwischen Leonhardsplatz und Weberstraße wurde am 2. Januar 1807 Balthasar Friedrich Wilhelm Zimmermann geboren. Keine Tafel, nichts erinnert an ihn. Vielleicht, sagt Heinrich, habe man den Mann bewusst vergessen, weil er ein radikaler Demokrat gewesen sei. Wilhelm Zimmermann war ein schwäbischer Dichter und Historiker, protestantischer Theologe, Doktor der Philosophie. Er schrieb Dramen, Novellen, Gedichte und veröffentlichte die berühmte »Allgemeine Geschichte des großen Bauernkrieges«. In Stuttgart besuchte er – zusammen mit seinem Freund Eduard Mörike – das Gymnasium Illustre, heute Eberhard-Ludwigs-Gymnasium. Während der Revolution von 1848/49 wurde er im Wahlkreis Schwäbisch Hall als Abgeordneter in die Frankfurter Nationalversammlung der Paulskirche gewählt; er zählte zur aufrechten Linken. Kurz darauf zog er mit großer Mehrheit für den Wahlkreis Schwäbisch Hall in die verfassungsgebende württembergische Landesversammlung ein.

Auf diese Dinge kommt der Spaziergänger in der Altstadt, bei einem Plausch mit Heinrich, geboren und aufgewachsen in Heidelberg. Es gibt in Stuttgart seit 1907 auch eine Zimmermannstraße, zwischen Olga- und Alexanderstraße. Um etwas über den Namensgeber zu erfahren, braucht der Flaneur eine detektivische Ader. Gegen ein Schild mit der Aufschrift »Wilhelm-Zimmermann-Straße« hat entweder die Stuttgarter Schildervorschrift oder die knappe Kasse gesprochen, so dass wir auf diesem Weg nicht über den Dichter stolpern.

Wilhelm Zimmermanns Geburtsstätte in der Jakobstraße 6 wurde zwischen 1700 und 1750 erbaut, als Barockhaus ist es ein Kulturdenkmal ersten Ranges. Vielleicht reicht ja die Stuttgarter Schilderverordnung aus, dem Dichter (er starb 1878) eine Erinnerungstafel zu widmen. Das würde nicht nur Heinrich freuen. Sollte das zu viel verlangt sein, bleibt uns ein Ausflug zur Wilhelm-Zimmermann-Gedenkstätte in Dettingen an der Erms.

Vielleicht aber wird auch das Stuttgarter Haus des toten Dichters eines Tages an einen großen Sohn der Stadt erinnern. In den guten Zeiten der Altstadt war es üblich, Kollekten zu organisieren, wenn einer der Jungs aus dem

Viertel hinter Knastmauern wanderte. Heinrich hat beschlossen, etwas Kohle für den Freiheitskämpfer Wilhelm Zimmermann zu sammeln. Ein Erinnerungsschild an dessen Geburtshaus wäre ein kleines Zeichen gegen die Betonköpfe im Rathaus.

Das Schweigen der Lämmer

Das Baby in meinem Waggon schrie, als wäre sein Leben verwirkt. Das Baby sah frisch aus, so gut wie keine Kopfhaare, vermutlich war es vorhin erst im fahrenden Zug geboren worden, ungefähr bei Kassel. Ich kenne mich nicht gut aus in diesem Geschäft. Bei meiner Art Nachwuchsarbeit ist bis heute nichts Zählbares herausgekommen.

Ich habe davon gehört, Babys schrien vor Schmerz, wenn sie Zähne bekämen, ihre ersten. Das Baby in meinem Waggon hörte sich an, als bräche sein erster Stoßzahn durch den Kiefer. Aber kein Mensch hört hin, wenn ein Baby beim Halt in Fulda schreit. Viele schreien sich an dieser Station den Frust von Fulda von der Seele.

Oft bin ich mit dem Zug von Stuttgart nach Berlin und wieder zurück gefahren, und immer sind die sonderbarsten Dinge in meinem Leben bei Fulda passiert. Einmal habe ich im Bahnhof Fulda aus dem Fenster gesehen und den Slogan der Stadtwerbung auf einer Bahnsteigtafel gelesen: »ideal zentral«. Fulda. Da war mir alles klar. Es war wie damals, als der Intercity noch in Böblingen hielt.

Ich war guter Dinge auf dieser Reise, konnte nicht ahnen, dass Fulda an diesem Tag noch mehr auf Lager hatte als ein Elefantenbaby. Das Drama begann, als sich die Mutter anschickte, ihr Baby mit großer körperlicher Leidenschaft in den Schlaf zu wiegen. Sie tat das so lange, bis der Waggon schaukelte und sich der Kaffee aus meinem Pappbecher über meine Hose ergoss. Der Kaffee im Intercity ist bekanntlich dünn und scheiße, aber er war heiß. Ich schrie laut auf, die Schmerzen kamen aus meinem Stoßzahnbereich. Als mich die Fahrgäste vorwurfsvoll anschauten, zog ich wie Clint Eastwood die Haut meiner Backe unter dem linken Auge hoch und zeigte mit abgewinkeltem Daumen auf das Baby. »Hätten Sie je Zähne bekommen, hätten Sie mehr Mitgefühl mit jungen Menschen«, sagte ich zu einem Mann, der mich betont erwachsen anschaute.

Ich hatte Fulda mit nasser Hose hinter mir gelassen, als sich eine Dame mit zwei Jungs in die Nische vor mich setzte. Die Dame war extrem dünn, sie trug einen Kampfbürstenhaarschnitt, eine Mischung aus José Mourinho und Renate Künast. Prägend aber war ihr Gesicht: das typische Fuldaer Sparbüchsengesicht.

Das Fuldaer Sparbüchsengesicht zeichnet sich durch militärische Schmallippigkeit aus, es unterscheidet sich vom schwäbischen Sparbüchsengesicht durch einen leichten Oberlippenbartansatz.

Zwischen Fuldaer Sparkassenbüchsen-Lippen passt keine Fünf-Cent-Münze, auch nicht beim Sprechen. Diese stählerne Erotik setzt sich in anderen Körperzonen fort.

Die beiden Jungs und die Mutter hatten noch nicht richtig Platz genommen, da wusste ich bereits, wie sie hießen. Kaum saßen sie auf einer Arschhälfte, begann das Sparbüchsengesicht, kalaschnikowartig ihre Namen zu rufen, bis nicht einmal mehr das Baby mit dem Stoßzahn zu hören war. Die Jungs hießen Joschi und Marius.

Von Joschi und Marius kam kein Laut. Aus Langeweile dachte ich eine Weile darüber nach, warum man ein unschuldiges Kind mit dem Vornamen eines der schlimmsten Sänger strafen konnte, den die Popmusik je hervorgebracht hat. Ausgerechnet dieser Kerl mit dem Sound eines singenden Sparbüchsenschlitzes. Ich stellte mir das Sparbüchsengesicht vor, wie es mit feuchten schmalen Lippen am Lagerfeuer eines Fuldaer Staudamms »Freiheit, Frei-heit« säuselte, bis sich einer erbarmte, Marius den Zweiten zu zeugen, nur um seine Ruhe zu haben. Der Doppelname im Haus war programmiert.

Von den beiden Jungs im Zug war wie gesagt nichts zu hören. Marius grinste gelegentlich mit schmalen Lippen durch die Lücke zwischen den Lehnen meiner Vordersitze, um mich als Publikum zu gewinnen. Ich gab ihm mit gestrecktem Zeige- und Mittelfinger das Victory-Zeichen, und er streckte mir die Zunge raus. »Beim nächsten Mal werde ich sie dir abbeißen«, sagte ich so leise, dass nur er es hören konnte. Da wusste Marius noch nicht, dass er in Fulda den ICE zur Hölle bestiegen hatte.

Ohne Atempause ermahnte das Sparbüchsengesicht Joschi und Marius, den Mund zu halten, obwohl beide kilometerlang keinen Ton von sich gegeben hatten. »Wir machen jetzt ein Spiel. Wer am längsten schweigt, hat gewonnen«, sagte sie. Ich hörte nichts außer dem Rollen der Räder und setzte bei meinem Buchmacher heimlich hundert Euro, dass die Mutter das Spiel nicht gewinnen würde. Prompt giftete sie im Kasernenton: »Der Fernseher bleibt so lange aus, bis ihr Schweigen gelernt habt. Und wenn es acht Tage dauert.«

Joschi und Marius sagten kein Wort, und so setzte wieder das Tröten des Sparbüchsengesichts ein: »Wir machen jetzt ein anderes Spiel. Es heißt der schweigende Mönch.« Nie zuvor hatte ich von diesem Spiel gehört, auch nicht bei Edgar Wallace. Ich befürchtete das Schlimmste. Der schweigende Mönch. Das klang nach unschuldigen Buben im Beichtstuhl.

Obwohl Joschi und Marius weiterhin schwiegen, wiederholte die Mutter ihre Drohung so laut, dass man sie durch den ganzen Waggon hörte: »Wir spielen jetzt der schweigende Mönch.«

Erst nach ungefähr zehn Minuten jungenhaften Schweigens, das pausenlos durch das Sparbüchsengesicht-Gezeter unterbrochen wurde, lüftete sich mir das Geheimnis des schweigenden Mönchs. Das Sparbüchsengesicht aus Fulda hatte einen gottverdammten Sprachfehler. Wir kennen diesen Defekt von den Rheinländern. Sie konnte kein Esceha sprechen. Mit kindlichen Chchch-

Lauten zischelte sie, wie wir das aus der Zeit von Günter Netzers Duetten mit Gerhard Delling kennen: Mir gefällt da *spielerich* überhaupt nichts, aber *Tchechien* ist heute *technich* besser.

Das Sparbüchsengesicht hatte nicht vom schweigenden Mönch gesprochen, nicht von einem Herrn mit Kutte, Messwein, Vaseline. Gemeint war der *schweigende Mensch*.

Joschi und Marius sagten nichts, und das war falsch. Sofort meldete sich wieder die Mutter, und sie klang wie ein Gewerkschaftsmegafon: »Wir machen jetzt ein neues Spiel. Es geht so: Wer am längst schweigt, hat gewonnen.« Ich hörte keinen Laut. Vier, fünf Sekunden vergingen. Dann kreischte die Mutter: »Marius, mir reicht es. Ich bin sehr unzufrieden mit dir. Der Fernseher bleibt jetzt acht Tage aus.« Marius schien diese Drohung zu schlucken. Im Waggon war ja kein Fernseher.

Inzwischen hatte die andere Mutter ihr Baby mit dem Stoßzahn in die Ohnmacht geschaukelt, im Waggon wurde es still, ich konnte das Klappern von fünfzig Laptops hören. Wie erwartet hob wieder das Sparbüchsengesicht an: »Joschi, Marius, ich habe jetzt genug von eurem Tigerspiel. Das Tigerspiel ist das Letzte. Ich mag das nicht. Ich verbiete euch ein für allemal das Tigerspiel.«

Wie gesagt, in der Nachwuchsarbeit bin ich unerfahren, so war mir auch das Tigerspiel kein Begriff. Ich fragte eine neutrale Dame auf dem Sitz neben mir, was das Tigerspiel sei, ob es mit den Praktiken des schweigenden Mönchs zu tun habe. Nein, sagte sie, das Tigerspiel symbolisiert den evolutionären Wettkampf der Männer. Ah, sagte ich, es geht also um die intellektuelle Überlegenheit, um die spirituelle Dominanz des Maskulinen. Nein, sagte sie, beim Tigerspiel geht es um den Größten, Stärksten, Schnellsten, Längsten.

O Mann, sagte ich, ich danke Ihnen, Madame, ich weiß, was Sie meinen. Dann begann ich leise zu singen:

Wenn ich am Wochenende tanzen geh / Und ein ganz besonders schönes Fräulein seh' / Lass ich meinen Whisky Soda steh'n und dann / Dann, dann schleich / Ich an das Fräulein ran / So wie ein Tiger, oh, oh, oh / Ja, wie ein Tiger, oh, oh, oh / Denn sie gefällt mir gut / Drum hab' ich Mut / Oh, wau, wau ...

Wow!, sagte die unbekannte Dame und formte ihre vollen Lippen zu einem verführerischen Lächeln. Ich übte im Kopf bereits den berühmten Peter-Kraus-Rülpser, dieses Schluckauf-Glucksen aus einem aufgeblähten Magen, als sich wieder das Sparbüchsengesicht zuschaltete, diesmal auf der Öko-Ebene: »Marius, lass gefälligst den Mülleimer in Ruhe. Nimm die Hände weg. Am Ende leckst du den Mülleimer noch mit der Zunge ab.«

Ich begriff nicht. Diese Sätze klangen nach einer Kombination aus schweigendem Mönch und Tigerspiel. Wie gesagt, ich kam damals mit dem Zug aus Stuttgart, einer Stadt, wo räudige Hunde sich rudelweise für Tiger hielten, weil sie Nadelstreifen trugen. Wo schweigende Mönche überall herumleckten, wenn es darum ging, mit korrupter Scheinheiligkeit der Wahrheit aus dem Weg zu gehen.

Leider blieb mir nicht die Zeit, diesen politischen Gedanken zu Ende zu denken. Kurz vor Braunschweig hatte das Sparbüchsengesicht beschlossen, den Showdown der Eisenbahnfahrt einzuleiten. »Marius«, keifte das Sparbüchsengesicht, und die Stimme schien blechern auf ihren harten Lippen aufzuschlagen, »warum hast du Joschi gerade in den Finger gebissen?«

Ich hatte nichts mitgekriegt, kein schmerzhaftes Stöhnen, keinen Blutspritzer, nichts. Mit der Erfahrung jahrelanger Analysestunden bei meinem Therapeuten begann ich mir zusammenzureimen, was in diesem Zugabteil vor sich ging. Marius hatte beim Biss in Joschis Finger zwanghaft reagiert. Eine Ersatzhandlung. Er war Opfer. Nicht Täter. Marius hatte keine andere Wahl gehabt. Er war der Tiger. Als er in Braunschweig mit Joschi und dem Sparbüchsengesicht aufstand, um aus dem Zug zu steigen, lief Blut aus seinem Mundwinkel. Ich schloss die Augen und schlief mit wilden Träumen bis Berlin.

Einige Jahre waren vergangen seit diesem Ereignis, als ich mir neulich im Intercity nach Berlin in Höhe von Kassel eine herrenlose *Bild*-Zeitung griff, um mich von dem Babygeschrei im Zug abzulenken. Die Schlagzeile auf der Titelseite traf mich wie ein Stoßzahn: »ICE-Vampir von Fulda mordet weiter – Sechstes Opfer im fahrenden Zug«. Ich musste die Horrorgeschichte nicht zu Ende lesen, um die Sache zu begreifen.

Marius spielte das Tigerspiel. Er ging durch Intercity-Waggons zweiter Klasse, er sagte kein Wort – und dann / dann, dann / schlich er an die Fräuleins ran. Einem halben Dutzend Mütter hatte er auf diese Weise in den vergangenen Wochen die Zunge aus dem Schlund gebissen. Als ich in Fulda den vertrauten Bahnhof sah, malte ich mir aus, wie es Marius genoss, wenn das Blut einer durchgebissenen Zunge an die Waggondecke spritzte, während sich vor seinen Augen im Zugfenster das Sparbüchsengesicht spiegelte.

Keiner, das wusste ich, würde den Vampir von Fulda jemals schnappen. Keiner kennt ihn, und ich bin der schweigende Mönch.

Bürger, zur Sonne!

Liebe Bürgerinnen und Bürger, sehr geehrte Ex-Menschen,

heute, im April 2012, begrüße ich Sie zu einem historischen Neubeginn in der Stadt. Willkommen in der ersten Bürgerkolumne.

Mitten im Bürgerwahlkampf um das Amt des Bürger-Rathauschefs versammelten sich acht Bürgerinnen und Bürger, darunter eine Frau, für ein Zeitungsfoto. In Höhe ihres primären Geschlechtsmerkmals hielten sie Schilder vor ihren Körper: »Bürger-OB Sebastian Turner e.V.«. Damit auch der Bürger-OB wusste, wo er herumstand, packte er sich ebenfalls Propaganda-Pappe vor den Bauch: »Bürgerstadt Stuttgart«.

Der Schildbürgerverein für zwielichtige Kassenmanöver besteht aus Mitgliedern von CDU, Freien Wählern und FDP – letztere ein Sektiererclub, den der Amtschef des Stuttgarter SPD-Finanzministers neulich auf Facebook als »FD-Pisser« würdigte. Diese verbale Inkontinenz löste eine Bürgerkrieg zwischen FDPennern und SPDeppen aus, beschädigte aber nicht den Ruf des bürgerlichen Lagers. Das bürgerliche Lager ist sowieso eine Latrine. Der »Bürger-OB«-Verein hatte sich bereits vor dem Parteienkrach im Landtag für ein Gruppenbild mit Dame (letzte Reihe) formiert. Der Fotograf sagte: »Alle mal lächeln«, und fertig war der Cheese-Bürger.

Der gequält grinsende Cheese-Bürger hat mithilfe seines Leithammels aus der Reklamebranche, er heißt Turner, ein neues Berufsbild erfunden: »Bürger-OB« heißt auf Deutsch Bürger-Oberbürgermeister – eine Art Polit-Tampon für alle.

Unser neuer Mitbürger Bürger-Oberbürgermeister ist eine typische Marketing-Marke. Nach Art des Marketing-Vermarkters hat er den Oberbürgermeister auf den Bürger »runtergebrochen«. Ziel ist es, die Bürger mit der Marke »Bürger-Oberbürgermeister« im gebrochenen Sprachgebrauch der Politiker-Analphabeten »abzuholen« und »mitzunehmen«. So will man verhindern, dass der Bürger als Wähler des Bürger-Oberbürgermeisters »wegbricht«, bevor er selber bricht.

Der Bürger-Oberbürgermeister versprach den Menschen, als Weltbürger die Stuttgarter Bürgerwelt zu »einen« und zu »entfalten«. Diese bürgernahen Worthülsen bedeuten: designen, leimen, schleimen.

Liebe Bürgerinnen und Bürger,

ich bringe meine Freude darüber zum Ausdruck, welche Wertschätzung der Bürger in diesen Tagen erfährt.

Vor dem Auftritt des Bürger-Oberbürgermeisters hatte der Bürger ein miesen Ruf. Das Bürgertum vom Killesberg bis nach Kaltental galt als Horde protestierender Penner und Anarchisten. Ein Hamburger Journalist schuf gar den Stuttgarter »Wutbürger«, als er sämtliche Teile des Klein- und Spießbürgers in seiner hanseatischen Kloschüssel zusammenrührte.

Bald darauf brüllte die CDU: Bürger, wehrt euch! Seitdem ist die Bürgerwehr überall. Sie tut so, als sei der Bürger King. Der selbsternannte Bürger-Oberbürgermeister macht uns vor, er befreie den Bürger aus seinem »Wutbürger«-Käfig, kaum dass man in der Stadt den Schlossgarten abgeholzt und den Bahnhof zerstört hat. Auferstanden aus Ruinen ist die Bürger-Rechte – ein reaktionärer Haufen von Grün bis Schwarz.

Ein anderer Reklametyp hat inzwischen vorgeschlagen, dem werten Bürger das Neue Schloss als Stuttgarter »Bürgerschloss« zu widmen. Das bedeutet: Der Bürger darf hie und da das von seinen Steuern bezahlte Schloss in der Stadt betreten. Seine Freude darüber ist groß, weil er sich die Bürgermiete in den Investorenburgen seiner Bürgerstadt sowieso nicht mehr leisten kann.

Um auch diese Sauerei im Ton der Marketing-Vermarkter »wegzukommunizieren«, rief der Bürger-Oberbürgermeister gleich noch die »neue Bürgerstadt« aus. Das Würgewort »Bürgerstadt Stuttgart« erleichtert es dem Bürger, die Bürgerstadt Stuttgart vom Tierheim Botnang zu unterscheiden. Zuvor hatte der Bürger-Oberbürgermeister mit einem Witzbold-Witz über das Ross im Stadtwappen seinen Köter für ein Youtube-Videos in die Kamera gehalten. Wow!, entfuhr es dem Hundsbürger. Und der brave Bürger hob das Bein. Endlich wusste der Bürger: Eine Stadt mit Hunderttausenden Bürgern ist eine Bürgerstadt. Und kein Hundezwinger, kein Kirmesplatz und keine Scheißwerbeagentur.

Wenn das Bürgerschloss eröffnet ist, bitte ich, dem neuen Stuttgarter Gutbürger weitere große Bühnen anzubieten. Um dem Bürgerstadt-Bürger Demokratie unter seinem Bürger-Oberbürgermeister vorzugaukeln, wird in Zukunft nicht genügen, Bürger-Maultaschen und Königsbürger Klopse mit Energie der Firma Bürgergas aufzukochen. Auch das Bürgerhospital signalisiert keine bürgerliche Mitbestimmung – trotz geschlossener Abteilung, wo die Reklamefritzen gut aufgehoben wären.

Verehrte Bürgerinnen und Bürger,

wir Bürgerstadt-Bürger haben die Schnauze voll von herrschaftlichen Herrschaftsverhältnissen. Weg mit dem Kaiserschmarrn. Es lebe der Bürgerschwachsinn. Ab sofort heißt die Königstraße Bürgersteig. Das turnt voll.

Ostendplatz

Als ich den Müll von der Ballerei auf der Straße sah, war mir noch nicht klar, wo ich ins Jahr 2012 hineinspazieren könnte, ohne gleich am ersten Tag der neuen Saison in die Hundehäufen des Lebens zu treten. Obwohl ich die Silvester-Knallerei nahezu traumlos verpennt hatte, fühlte ich mich etwas angeschossen am Neujahrsmorgen und nahm deshalb den nächsten Weg. Seit die Bahnlinie 4 meinen Heimathafen Hölderlinplatz anfährt, kann ich ohne Umsteigen den Ostendplatz erreichen. Auch die Buslinien 40 und 42 führen vom Westen in den Osten, wohl als Zeichen für mich, endgültig die Seiten zu wechseln.

Der Ostendplatz, sagte ich mir an diesem Morgen, ist ein guter Platz. Er macht auch an einem Katermorgen bella figura, selbst an einem Neujahrstag, der nicht mehr als ein stinklangweiliger Sonntag war. Wollte ich mich der Geschichte des Ostendplatzes nähern, müsste man eine Zeitungskolumne mit Böllern sprengen. In der Zeit der Arbeiterbewegung, als es noch sozialdemokratische Sozialdemokraten gab, hieß der Ostendplatz bei den Rebellen und Kämpfern nur der »Rote Platz«.

Tote Plätze gibt es anderswo in der Stadt. Wenn es der Ostendplatz im Lauf der Geschichte zu größeren literarischen Ehren gebracht hat als jeder andere Stuttgarter Platz, dann nicht nur deshalb, weil es sich bei den meisten Plätzen der Stadt um hässliche Asphaltlöcher handelt, um stadtplanerische Missgeburten wie den Österreichischen Platz oder um chaotisch beampelte Straßenkreuzungen wie den Hölderlinplatz; von dessen lächerlicher Kunststoffstele im Joint-Format ganz zu schweigen.

Manfred Essers 1978 im März-Verlag erschienener »Ostend-Roman« ist heute Legende; unlängst wurde er es neu aufgelegt und Ende vergangenen Jahres kam das Buch des 1995 verstorbenen Schriftstellers bei einer Ausstellung im Literaturhaus zu Ehren. »Auf dem Straßenbahn-Depot am Ostendplatz scheppern die Linien 4 und 8. Die Kurden, die hier in Notunterkünften nahezu auf diesen Schienen hausen, werfen sich im Schlaf«, heißt es im ersten Kapitel.

Im Straßenbahn-Depot ist heute ein Kinder- und Jugendzentrum untergebracht, es war auch mal Staatstheater-Filiale, damals, als es noch ein Staatstheater mit funktionierenden Bühnen gab. Auf den Straßenbahnschienen scheint keiner mehr zu hausen, und zum Glück blieb in der Nähe das Toilettenhaus mit seiner Pagoden-Architektur von 1920 unversehrt. Einige Male vom Abriss bedroht, steht es heute wie eine Eins neben dem Zeitungskiosk, und solange eine Bedürfnisanstalt und ein Kiosk an einem Ort miteinander harmonieren, hat ein Platz alle Aussichten, als solcher von den Menschen wahrgenommen zu werden.

An Silvester 2011 wurde, soweit ich den Raketen- und Flaschenschrott beurteilen kann, auch am Ostendplatz hemmungslos geschossen und gesoffen. Das Bedürfnis, Geld anzuzünden und in die Luft zu lassen, erinnerte mich angesichts der Wirtschaftslage an ein Buch meines Berliner Spaziergängerfreundes Klaus Bittermann: »Möbel zu Hause, aber kein Geld für Alkohol«.

Der Morgen des Neujahrstags ist kein Tag, um über die Menschen in einer Gegend etwas Richtiges sagen zu können. Die meisten werfen sich zu dieser Zeit im Schlaf, sie denken noch nicht wie Essers Romanfiguren an die Revolution. Nur ein Dichter könnte aus der Ferne in den Bett-Gesichtern der Verlierer lesen.

Weiter in die Gablenberger Hauptstraße, leicht ansteigend und trotz der Neujahrsstille und des gedimmten Winterlichts voller satter Bilder. Ich stehe vor einem kleinen olivgrünen Haus mit pinkfarbenem Sockel und einem merkwürdig dynamischen Dach, teils schräg, teils flach. An der Frontseite hängt, eingerahmt von Stuttgarter-Hofbräu-Leuchten, ein Schild mit weithin sichtbarer Frakturschrift: *Krämers Bürgerstuben*. Hinter dem Glas der Eingangstür entdecke ich ein kleinen Zettel: »Am 1. Januar ist unser Restaurant aus Altersgründen geschlossen. Wir danken für Ihre Treue und wünschen alles Gute.« Bei näherem Hinsehen entdecke ich die Wahrheit: Die Mitteilung war von Ende 2009. Krämers Bürgerstuben, unter der Leitung der Familie Hofacker, galten viele Jahre als gutes, angesehenes Speisehaus. Es stimmt mich ein wenig traurig, wenn die Nachricht über den Abschied der Wirtsleute noch zwei Jahre später an der Eingangstür hängt. Als sei das Gasthaus ein Geisterhaus und der ganze Osten geschlossen.

Noch ein schneller Blick um die Ecke in die Wagenburgstraße zur Kleinkunstbühne *Laboratorium*. 2012 feiert der Laden seinen 40. Geburtstag, und nirgendwo ein Abschiedsbrief.

Es ist ein gutes Gefühl, das Neujahr mit einem Spaziergang durch die Leere und Ungewissheit des morgendlichen Ostens zu beginnen. In der Libanonstraße lese ich schmunzelnd die Inschrift an der Wand eines Backsteingebäudes; vermutlich hat sie der Häuslebauer Karl Dausch im Jahr 1909 mit großer Befriedigung angebracht: *Klein, aber mein.*

In der Libanonstraße fällt mir ein, wie mir eine ältere Dame vor ein paar Jahren Geschichten aus ihrer Vergangenheit erzählte. Als sich die Arbeiterkinder aus der Gablenberger Libanonstraße und die besser gestellten Kids von der Gänsheide harte Straßenkämpfe lieferten, obwohl es damals bei uns noch wenig Gangs und so gut wie keine Kapuzenjacken gab. Das war vor dem Zweiten Weltkrieg, und auf dem Höhepunkt des Klassenkampfs im Osten setzte die Gänsheide-Armee gegen die Libanon-Truppen ihre schärfste Geheimwaffe ein: Gartenschläuche, die Vorläufer der Polizei-Wasserwerfer.

Adios, Ostendplatz, ich bin zurück in der Gegenwart.

Die wahre Geschichte vom Dackel Lump

Es gab und gibt in der Geschichte von Stuttgart viele Dackel, einige von ihnen sind berühmt geworden. Aber nur einer von ihnen hat sich im Glanz künstlerischer Genialität bewegt, und nur er hat großen Werken seine Erhabenheit erwiesen, als er gelassen das Bein hob und die Schöpfung ohne Respekt anpisste. Davon handelt meine Geschichte, die Geschichte vom Dackel Lump.

Während der spanischen Diktatur lebt das Künstlergenie Pablo Picasso in Südfrankreich. Eines Tages, es ist das Jahr 1957, besucht ihn in seiner Villa La California bei Cannes der Fotograf David Douglas Duncan. Der Amerikaner, ein berühmter Kriegsreporter, kommt in Begleitung eines Freundes, eines einjährigen Dachshundes.

Vermutlich hieß der Dackel ursprünglich Lumpi, ich weiß es nicht. Wahr ist, dass Duncan den Dachshund 1956 bei einer Familie in Stuttgart gekauft hat; leider ist mir der Name dieser Leute nicht bekannt.

Obwohl Mr. Duncan ein großer Hundefreund ist, fühlt sich Lump, wie der Hund mit richtigem Namen heißt, bei ihm nicht wohl. Erstens missfällt ihm das Nomadenleben des Kriegsreporters, zweitens hat sein Herrchen noch einen anderen Freund, einen vierbeinigen Afghanen. Der ist nicht nur größer als Lump, er ist auch eifersüchtig und damit das Scheitern der Multikulti-Familie programmiert.

Es konnte nie geklärt werden, ob Duncan seinen Freund Picasso gebeten hat, Lump in Obhut zu nehmen. Oder ob es vielmehr Lump war, der mit fliegenden Ohren zu Picasso überlief. Die Historiker wissen von Picassos magischer Anziehungskraft auf Damen. Lump aber war keine Dame. Vermutlich also flog Picasso auf Lump.

Dass diese Beziehung zustande kam, haben Mann und Hund nicht nur Lumps Stuttgarter Familie zu verdanken. Geholfen hat eine mysteriöse Verkettung glücklicher Umstände. Womöglich wäre David Douglas Duncan dem Genie Pablo Picasso nie begegnet, hätte ihn nicht Robert Capa, sein amerikanischer Freund, dem Künstler vorgestellt. Capa, selbst ein berühmter Fotograf, hatte früher mit einer jungen Frau namens Gerda Taro zusammengelebt, und hätte er die 1910 in Stuttgart geborene Tochter eines jüdischen Eierhändlers nicht im Pariser Exil getroffen, wäre er nie der große Robert Capa geworden.

Capa war aus Ungarn, schlug sich mehr schlecht als recht unter seinem Namen André Friedmann als Fotograf durch, bevor ihn seine Geliebte zum Weltstar machte. Gerda Taro, neunzehn Jahre lang in der Stuttgarter Alexanderstraße zu Hause, erfand nicht nur sein Image, nebenbei machte sie im Schatten seines Ruhms auch selbst großartige Fotos. 1937 fiel sie nach einem Luftangriff von Hitlers Legion Condor bei ihrer Arbeit als Reporterin im Spanischen Bürgerkrieg.

Der Starruhm seiner Umgebung dürfte Lump, Stuttgart, im Hause Picasso kaum beeindruckt haben. Schließlich war er selbst auf dem besten Weg, in der internationalen Kunstwelt Fuß zu fassen. Allein zwischen dem 17. August und dem 30. September 1957 verewigt Picasso den Dackel fünfzehn Mal in den 44 Skizzen seiner Serie »Las Meninas«. Sollte Lump in diesen Bildern dem einen oder anderen Banausen heute relativ mickrig vorkommen, so ist er doch eine Kunstikone von Weltformat.

Picasso besitzt mehrere Hunde, als Lump bei ihm lebt, keinen aber liebt er so sehr wie seinen Kurzhaardackel aus Stuttgart. Lump ist das einzige Tier, das der Künstler in die Arme nimmt. Sogar Picassos zweite Ehefrau Jacqueline Roque, so wird berichtet, ist eifersüchtig auf Lump. »Lump ist kein Hund«, sagt Picasso. »Lump ist auch kein kleiner Mensch. Er ist etwas anderes. Er trägt unsere besten und schlechtesten Eigenschaften in sich.«

Nach sechs guten gemeinsamen Jahren schlägt das Schicksal zu. 1963 erkrankt Lump an der Wirbelsäule, ein typisches Dackelproblem. Seine Hinterläufe funktionieren nicht mehr. Als Duncan den Maler wieder mal in der Nähe von Cannes besucht, sieht er den kranken Hund und bringt ihn sofort zum nächsten Tierarzt. Der Veterinär sagt ihm, es sei nichts mehr zu machen. Lump sei unheilbar gelähmt. Der Fotograf, in zahlreichen Fronteinsätzen gestählt, nennt den Tierarzt einen verdammten Hurensohn, setzt den Dackel spontan auf den Rücksitz seines Autos, einen schwarzen Mercedes SL 300 Gullwing, und fährt noch in der gleichen Nacht nonstop nach Stuttgart. Unterwegs füttert er Lump über die Schulter hinweg mit Erdnussbutter-Keksen. In Stuttgart, notiert er später, »gab es einen berühmten Tierarzt, und als er Lumps Pfoten berührte, wusste er sofort, dass Lump nicht gelähmt war.« Nach einigen Monaten Behandlung bringt Duncan den Hund in sein Haus nach Rom. »Er lief herum wie ein betrunkener Seemann«, schreibt er, »aber er hatte noch zehn Jahre lang ein gutes Leben.«

Über die Geschichte des Stuttgarter Dackels hat Duncan – er arbeitete oft für Mercedes – 2006 einen Bildband veröffentlicht, das Buch heißt: »Lump the Dog who ate Picasso«. Hinter dem Titel verbirgt sich eine wahre Begebenheit. Einmal zeichnet Picasso ein Kaninchen auf einen Karton, und als Lump den Hasen sieht, erwacht sein Instinkt als Dachshund. Weil aber für die Jagd nicht ausgebildet, verspeist er das Karnickel samt Karton. Seitdem ist er »der Hund, der einen Picasso fraß«. Immerhin hatte diese Aktion mehr Stil als Lumps Angewohnheit, seine Unzufriedenheit mit Picassos Skulpturen auszudrücken – er pisste die Werke mehrfach an. Picasso akzeptierte die Kritik. Lump bezog nie Prügel.

Nachdem er nach Italien umgezogen war, hat der Dackel seinen Herrn allerdings nie mehr gesehen. Lump starb am 29. März 1973 in Rom. Picasso zehn Tage später in Mougins.

Wie das Gras wächst

Es wäre vermessen, von einem Stuttgarter *Bahnhofsviertel* zu reden. Vor Weihnachten 2011 begann in dieser trostlosen Gegend das große Stühlerücken und Magendrücken. Mehr als hundert Künstler und Kleinunternehmer, die sich auf absehbare Zeit in der ehemaligen Bahnhofsdirektion eingemietet hatten, mussten bis Silvester verschwinden. Die Rakete S 21 sollte gezündet werden. Kurz vor der Räumung eröffnete in der Nähe eine Kneipe. Der Namen des Lokals kann gleichziehen mit meinen Stuttgarter Lieblingskneipennamen. Dazu gehören die einstige *Radio-Bar* im längst abgerissenen Radio-Barth am Rotebühlplatz und der zum Glück noch lebendige *Palast der Republik* in einem früheren Toilettenhaus neben den Metropol-Kinos. Der Laden in der Jägerstraße pflegt das gegenteilige Geschäftsmodell einer Bedürfnisanstalt. Er heißt *Schankstelle Super* und hat den Charme des Stammhauses behalten: Mehrzweckhalle für Sprit, Tabak und große Klappen. Bei den Typen hinter der Theke und am Herd handelt es sich um gestandene Zapf-Säulen. Flaschen stehen in anderen Bars.

Es ging voran, in diesem Dezember 2011, wo der Euro bedrohlicher zu explodieren schien als der Spritpreis. Das große Spiel an den Schank- und Tankstellen der Finanzhaie war in Bewegung geraten. Als ich im Dezember 2011 die Supernasen aufsuchte, begann es nach zwei Sonnenmonaten erstmals wieder zu regen. Ich eilte ins nächste Kaufhaus. Die Kaufhaus-Manager sind nicht mehr so doof wie früher. Weil sich im Gegensatz zu anderen kapitalistischen Ländern der fliegende Regenschirmhändler bei uns nie durchgesetzt hat, stellen sie heute ihre Regenschirme direkt an den Eingang.

Schnell fand ich ein billiges Modell, der Weg zur Kasse dauerte etwas. Eine einsame Dame mühte sich verhalten, die Menschenschlange vor der Kasse abzuarbeiten, und ich hatte Zeit für Gedanken. Vor meiner Nase stand eine Frau mit einem Baby im Kinderwagen. Nachdem wir eine Weile zusammen verbracht hatten, kamen wir ins Gespräch.

Zeit sei etwas Relatives, sagte ich. Kaum genieße man die großartige Aussicht, mit der Bahn zwanzig Minuten schneller Bratislava und Moskau zu erreichen, büße man die eingesparte Zeit an der nächstbesten Kaufhauskasse ein. Ja, sagte die Frau mit dem Baby, die eine Geschäftsfrau war, manche Leute hätten keinerlei Gespür für Tempo. Aber, fügte sie hinzu, das sei nicht weiter schlimm, ihre eigenen Kunden besänftige sie erfolgreich mit einem afrikanischen Sprichwort: »Das Gras wächst nicht schneller, wenn man an den Halmen zieht.«

Nie zuvor hatte ich diesen Satz gehört. Die Frau und ich schwärmten eine Weile von der Weisheit der Afrikaner und plauderten über die Tücken der Zeit. Das Baby im Kinderwagen war in der Zwischenzeit ein wenig gewachsen, es verlangte nach einem Mobiltelefon, um ein Taxi zu rufen. Die Kasse war noch in weiter Ferne, und das Baby gedieh.

Wie gesagt, Zeit ist relativ, und mir gefiel das Warten in der Schlange. Die Männer in der Schlange hatten inzwischen Vollbärte, und das Baby sagte, es hätte zu Weihnachten gern eine E-Gitarre und ein iPad. Ich wunderte mich, als ich meine Stiefel betrachtete. Es waren Stiefel, wie sie Gary Cooper in *Zwölf Uhr mittags* getragen hat. Meine Absätze waren schief. Ich beschloss, in Zukunft etwas gelassener meinen Mann zu stehen.

Das Baby wollte wissen, ob ich Lust hätte, in der nächsten Schankstelle einen zur Brust zu nehmen. Das Warten vor der Kaufhauskasse sei etwas uncool. No, sagte ich, ich sei ein alter Spießer und hätte Angst, ohne Kassenbeleg einem gottverdammten Kaufhaus-Detektiv in die

Arme zu laufen. Kannste vergessen, sagte das Baby, die Schnüffler hat man gleich nach dem Euro-Crash wegrationalisiert. Super, sagte ich, ich gehe schon mal die E-Gitarre und das iPad klauen.

Zu meinem Bedauern war die Mutter des Babys in der Zwischenzeit ziemlich still geworden. Leicht geschrumpft, lag sie im Kinderwagen und bat mich, sie um Gottes willen nicht allein zu lassen. Auf keinen Fall, wir sind zusammen alt geworden, sagte ich und zeigte mit meinem gichtgekrümmtem Mittelfinger auf meine Glatze. »Das Gras wächst nicht schneller, wenn man an den Halmen zieht«, sagte ich.

Die Frau hustete, und nachdem ich den Kinderwagen mit der Frau über die Kadaver einiger Pechvögel gewuchtet hatte, standen wir auch schon an der Kasse. Das Baby hatte einen ausgewachsenen Pickel auf der Nase, aber auch ordentliche Titten im Dekolleté seines Strampelanzugs, und es flüsterte: Die E-Gitarre habe ich unter meinem Lederrock. Okay, Baby, sagte ich, und bezahlte drei Millionen D-Mark in frischen Scheinen für meinen Regenschirm. Die Zeiten haben sich geändert, sagte die Dame an der Kasse. Ja, sagte ich, und brach mir einen Fingernagel, als ich ihr in den Arsch kniff. Sie war ein Skelett und bemerkte es nicht, als ich unter dem Rock des Babys ein paar Akkorde anschlug.

Als ich die kranke Mutter und meinen neuen Regenschirm im Kinderwagen auf die Straße hinausschob, waren wir eine glückliche Familie. Der Regen hatte aufgehört. Wir gingen in die nächste Schankstelle zum Feiern. Das Baby war schwanger.

Der Mann von der Milchbar

Im Jahr 2009, als die Werkstruppe der Heroin-Erfinderfirma Bayer Leverkusen bei fünfzehn Grad unter null Herbstmeister in der Bundesliga wurde, stellte ich mich erstmals meiner Krankheit. Es war kurz vor Weihnachten, und ich offenbarte mich der Menschheit in der Hoffnung, mit meinem Leiden nicht allein zu sein. An Rettung allerdings habe ich nicht geglaubt.

Auslöser für mein Bekenntnis, am Elend des Verzichts zu leiden, war eine E-Mail mit Fußballbotschaften meines Freundes Klaus Bittermann; er lebt, als Kleinverleger und Autor halbwegs sozialisiert in Berlin-Kreuzberg, unweit der berüchtigten Admiral-Brücke. Auf dieser Autobrücke versammelte sich damals die Dekadenz der Stadt zum Saufen, und wenn die Leute endlich zum Pennen gingen, kamen Tausende von Ratten zum Frühstück.

In Wahrheit ist B. kein richtiger Berliner, er ist gebürtiger Franke mit rollendem R und unheilbar infizierter Fan von Borussia Dortmund.

Seine Veranlagung zwingt ihn, regelmäßig in den Kohlenpott zu fahren, auch wenn niemand mehr Kohlenpott sagt. Man nennt diese Diaspora inzwischen Europäische Kulturhauptstadt. Hat B. mal keine Zeit, die Tresen der Kulturhauptstadt heimzusuchen, geht er in Berlin-Kreuzberg in die Milchbar. Die heißt wirklich so. In der Milchbar übertragen kranke Alien-Hirne alle Spiele der Borussia, die 2009 ihren 100. Geburtstag feierte und danach Meister wurde.

B., der kaum älter aussieht als die Borussia, berichtet regelmäßig über die Ereignisse in der Milchbar, seine Zeilen findet man im Netz und in einer kommunistischen

Kampfschrift namens *Junge Welt:* »Es war blöde Ge-
wohnheit, dass ich mich wieder in die Milchbar schlepp-
te, um bei strahlendem Sonnenschein auf eine Leinwand
zu starren, auf der die Kugel nur manchmal als weißer
Punkt aufblitzte, wo man sie nicht vermutet hatte. Und
auch die Spieler liefen irgendwie undeutlich durch die
Gegend.«

Ich zitiere diese Notizen voller Neid. Selbst wenn ich
schreiben könnte wie B., hätte ich für solche Sätze lange
keinen Stoff gefunden. Ich hatte keinen Club, für den
man sich in eine Bar schleppen könnte, wo die Kugel auf
der Leinwand blitzt. Mein Club spielte in der vierten Liga
und winters überhaupt nicht. Er wäre sonst im Matsch
versunken, weil er kein Geld für eine Rasenheizung hat.

Für jeden Fernsehsender war mein Club weniger inter-
essant als ein toter Laubfrosch auf der Landstraße zwischen Sins- und Hoffenheim. Am Wochenende saß ich
auf dem Sofa und brüllte meinen Fernseher an: Für wen
eigentlich, Loewe, habe ich mich auf mein Sofa ge-
schleppt, wenn ich nicht weiß, für welchen Club ich
kämpfen oder wenigstens sterben soll? An diesen Tagen
auf dem Sofa liefen die Spieler undeutlich durch die Gegend, und am Ende war es mir scheißegal, wer der
Herbstmeister wurde: Bayer Leverkusen oder Aspirin
Complex.

Ich konnte nichts für meine beschissene Lage. Ich hatte
nie einen großen Club gehabt. Als ich zehn war, saß ich
eines Abends mit meinem Vater vor dem Radio; einen
Fernseher besaßen wir nicht.

Es ist der 24. März 1965. Nach zwei torlosen Partien
im Europapokal-Viertelfinale der Landesmeister stehen
sich der 1. FC Köln und der FC Liverpool im Entschei-
dungsspiel in Rotterdam gegenüber. In Kölns Abwehr
steht ein Spieler namens Wolfgang Weber. Herr Weber,
sagt der Reporter, sei verletzt. Der Arzt stellt die Diagno-
se zur Pause in der Kabine: Er lässt den Vorstopper von
einem Stuhl hüpfen, als sei er der Kölner Geißbock. Es

knackt fürchterlich. Weber hat sich das Wadenbein ge-brochen. Dennoch spielt er weiter, ohne sich etwas an-merken zu lassen. Der Spieler Weber ist ein Mann.

Nach einem 0:2-Rückstand erzielt Köln noch sensatio-nell das 2:2, und so muss das Los entscheiden. Beim er-sten Wurf des Schiedsrichters bleibt die Münze senkrecht im aufgeweichten Boden stecken. Beim zweiten Versuch fällt sie zugunsten von Liverpool.

Das war schlimm. Ich glaube, ich habe geheult. Wenn schon nicht Gott für einen Helden Partei ergreift, sagte ich, dann betet wenigstens unsereins für Webers gebro-chenen Haxen. Ich wurde, man darf es nicht laut sagen, Fan des 1. FC Köln. Zum Glück ging diese Phase geisti-ger Verwirrung schnell vorbei. Ich hätte mich sonst in ei-ner Milchbar zu Tode getrunken. Man weiß, was aus Köln geworden ist. Diese Stadt versenkt sich selbst.

Es kam, wie es kommen musste. Mitte der Siebziger stand ich in Begleitung sogenannter Freunde an der Au-ßenlinie des Stuttgarter Kickersplatzes. Degerloch, Wal-dau, Fernsehturm. Die Stehtribüne der Kickers erinnert an eine ländliche Bushaltestelle. Man wartet, dass einer kommt und uns aus dem Elend holt – falls wir auf der richtigen Seite warten. Diesen Ort im Wald fand ich exo-tisch. Ich blieb die folgenden dreißig Jahre einfach stehen.

Keiner hatte mir gesagt, dass die Spieler meines Clubs eines Tages seltener im Fernsehen auftauchen würden als der Busfahrer des VfB. Und so saß ich lange vor der Kis-te voller Sehnsucht nach der wahren Liebe auf der großen Bühne. Ein Mann kann zur gleichen Zeit drei, vier Frauen lieben, aber sein Leben lang nur einen Club. Diese Liebe pflegt er so lange, bis er schlimmer aussieht als St. Paulis Totenkopf.

Mit Neid, Hass und Wehmut dachte ich lange an mei-nen Freund Bittermann, an diesen treuen Hund von der Admiralbrücke, dem es in der Milchbar Woche für Wo-che eine Hundertjährige besorgt. Doch das Glück ist kei-ne Hure. Heute sind wir in der dritten Liga.

Was man sagt

Eine Demo-Rede

Halbwegs regelmäßig habe ich seit 2010 bei Kundgebungen gegen Stuttgart 21 Gastreden gehalten. Als Beispiel der Beitrag vom Samstag, 21. Januar 2012, in der Schillerstraße am Hauptbahnhof:

Guten Tag, meine Damen und Herren,

wie immer ist es in dieser Gegend leicht, auf Stuttgarter Geschichte zu treffen. Diese Demonstration heute ist in der Schillerstraße angemeldet. Schiller steht in dieser Stadt – aus der er bekanntlich flüchten musste – für Vernunft, für Freiheit, für gesellschaftlichen Fortschritt. Und diese Art Fortschritt hat nichts, aber auch gar nichts mit dem zu tun, was uns die Bahn und ihre Service-Abteilung namens Politik unterjubeln wollen – und zwar als Rechtfertigung für die Zerstörung von Geschichte und Identität in Stuttgart. Das Zukunftsgelaber mit dem Ziel, technischen Murks, architektonische Rückständigkeit und kulturelles Banausentum im Fall Stuttgart 21 zu kaschieren, ist unerträglich. Der Fortschritt der Tunnelfraktion ist nicht einmal, wie behauptet wird, technischer Natur. Die Fortschrittsfloskel dient allein dazu, Spekulationsgeschäfte mit den Mitteln einer brachialen Stadtumwälzung den Weg zu bahnen. Mit Bohrmaschinen, Motorsägen, Abrissbirnen.

Der frühere Stuttgarter Bundespräsident Theodor Heuss war ein großer Schiller-Verehrer, auch angesichts der Notwendigkeit, aus der deutschen Geschichte die Lehren der Vernunft zu ziehen. Inzwischen ist in dieser Stadt vom Geist eines Theodor Heuss nicht viel mehr geblieben als der Name für eine Partymeile. An der schwäbischen Klugheit des ehemaligen Bundespräsidenten orientiert sich ja auch nicht unbedingt sein aktueller Nachfolger. Der hält sich eher an die Stuttgarter Leitkultur der BW-Bank zur Ablösung von Krediten aus dem Milieu des Halbseidenen.

In diese Art Schmuddel passt der aktuelle Plan, einen Werbemenschen für CDU-Kampagnen als OB-Kandidaten aufzubieten – das turnt voll und ist insofern konsequent, als die Politik der Parteien ohnehin nur noch aus den Sprechblasen und Worthülsen ihrer gut geölten Marketing-Manager besteht.

Vor genau einem Jahr habe ich ebenfalls vor dem Bahnhof etwas vorgetragen. Dieses Datum erwähne ich, weil im Januar 2011 die große Paul-Bonatz-Ausstellung in Frankfurt zu sehen war. Spätestens da wurde klar, so schrieb die *FAZ*, »dass die Bauherren von Stuttgart 21 mit diesem Denkmal so ignorant und stumpfsinnig umgehen wie 1928 die fanatischen Funktionalisten, die den Bau als reaktionären Giganten diffamierten«.

Bereits zuvor hatte derselbe Autor – der Architekturkritiker Dieter Bartetzko – ein Plädoyer für den Erhalt des Südflügels geschrieben. Ich zitiere: »Die Zuversicht und die Angst der Moderne, Fortschrittsglaube und die Suche nach Halt in der Geschichte sind – und das ist heute so aktuell wie 1919 – in dem monumentalen Bahnhof Gestalt geworden, insbesondere in seinem Südflügel.«

Besonders gut an diesem Artikel gefällt mir bis heute die Überschrift, sie lautet: »Denn sie wissen nicht, was sie in Stuttgart sehen.«

Heute können wir eindeutig sagen: Doch, die Bahn und ihre politischen Helfershelfer wissen sehr wohl, was sie sehen – und was sie tun.

Oft genug hat man ihnen gesagt, welche historische

Substanz und architektonische Einzigartigkeit sie zertrümmern, wenn sie den Südflügel des Bahnhofs abreißen und das Ensemble zum Fragment machen.

Aber: Es ist ihnen scheißegal. Dieser Südflügel steht im Weg, wenn es darum geht, Immobiliengeschäfte voranzutreiben. So verstümmelt man eines der bedeutendsten Bauwerke der frühen Moderne in Europa – und hat auch dafür eine Floskel aus dem Wörterbuch der Unkultur parat: Man nennt das Wachstum. Die emotionale Beziehung der Bürgerinnen und Bürger zu ihrem Bahnhof wird ohnehin mit Arroganz ignoriert. Dieser psychologischen Problematik begegnen die Plattmacher mit ihren üblichen Dummwörtern: Leute, die etwas über ihre Stadt wissen und für sie übrig haben, sind *Nostalgiker* und *Ewiggestrige*.

Auch gebildete Menschen tauchen auf und kritisieren die »Nazi-Architektur des Bonatz-Baus«. Seltsamerweise waren diese Leute nie zu sehen, wenn es um die Auseinandersetzung mit der Stuttgarter Nazi-Geschichte ging, etwa beim Einsatz um den Erhalt der Gestapo-Zentrale Hotel Silber als Mahnmal – oder gar um die aktuellen Umtriebe von Neo-Nazis in Stuttgart und nächster Umgebung. Die Heuchler fordern nichts anderes, als ein Kapitel deutscher Geschichte mit der Amputation des Südflügels auszulöschen. Auf diese Weise zerstört man die Psychologie eines zentralen urbanen Ortes. So kappt man in Stuttgart die Brücken zur Vergangenheit. So zerstört man schon im Ansatz das Verständnis für Geschichte – und diese Ignoranz setzt sich woanders fort, denken Sie nur an die heruntergekommene Altstadt mit ihrer historischen Architektur.

Lernen könnten die selbsternannten Experten für Nazi-Architektur aus der deutschen Geschichte beispielsweise, dass in diesem Land nicht jede demokratische Mehrheitsentscheidung für eine gute Zukunft gesorgt hat.

Meine Damen und Herren, im derzeitigen Klima der Zerstörung regiert seit einem Dreivierteljahr bezeichnenderweise der Ministerpräsident einer Umweltpartei – und ausgerechnet ER sagt kein einziges Wort.

Der Ministerpräsident benimmt sich wie der Oberbürgermeister: Er schweigt. Er schweigt über die Schmerzgrenze hinaus. Herr Kretschmann sitzt den Prozess der Stadtverschandelung als Zuschauer in der Villa Reitzenstein aus – immer gut eingebettet in seine politische Sachzwangsjacke.

Erschwerend kommt hinzu, dass sich der Ministerpräsident gern als intellektuell gebildeter Landesvater gibt. Allerdings reduzieren sich seine Zitate aus den Kalenderblättern der Philosophie bisher auf die Wertschätzung der Deutschland-Tournee von Papst Benedikt.

Selbst wenn jeder einsehen würde, dass ein Regierungschef die Barbarei am Bahnhof nicht verhindern könnte, so begreift noch lange nicht jeder, warum ein Politiker dermaßen tief auf Tauchstation geht, während er gleichzeitig Bürgernähe und Transparenz propagiert.

Diese Politik läuft nach dem ewig gleichen Motto: Am Anfang war das Wort. Am Ende war es gebrochen.

Ich möchte noch ein paar Sätze zum Protest gegen Stuttgart 21 sagen. Nach meinem Gefühl diskutiert man bis heute etwas zu oft und zu hartnäckig die technischen Fakten des sogenannten Verkehrsprojekts. Dahinter verbirgt sich der Glaube, man könne mit Fakten zur Promille-Neigung der Bahnsteige, zur Zahl der Gleise oder zum lächerlichen *Verspätungsausgleich* die Argumente der Bauherren zerpflücken – und den Unsinn der Stuttgart-21-Pläne offenlegen.

Spätestens aber nach der Seifenoper des Deutschen Schlichtungsfernsehens war zu erkennen, dass alle Argumente nur einer Inszenierung mit längst beschlossenem Verlauf und Ausgang dienten.

Jedes Mal wenn mir heute das klug gewählte Wort *Parkschützer* begegnet, denke ich: Im Grunde bräuchten wir als Signal – und um der Situation gerecht zu werden – den Begriff *Stadt-Schützer*. Was hier passiert, erinnert an Francesco Rosis Filmklassiker über die Vereinnahmung einer Stadt. Sein Titel lautet: *Hände über der Stadt*. Wenn man bedenkt, dass ein Park ein wichtiger, ein unersetzlicher Teil einer städtebaulichen Komposition ist, dann bedeutet das: Wenn Bäume fallen, ist die gesamte Stadt gefährdet. Ihr Charakter, ihre Identität.

Es ist schade, wenn die Gegner von Stuttgart 21 in der Thematik der Occupy-Bewegung im Moment keine oder so gut wie keine Erwähnung finden. Jedenfalls spielt Stuttgart 21 als Symbol einer Entwicklung, als Beispiel des Widerstands gegen die Politik der Profitmaximierung nicht die Rolle, die es verdient hätte. Auch innerhalb des Protests erscheint mir der Blick auf den Bahnhof beziehungsweise den Tiefbahnhof zu eng.

Selbstkritik ist nicht unbedingt das beste Mittel eines Demo-Redners, die Leute zu motivieren. Doch was ist schon richtig.

Zuletzt habe ich mich ein wenig mit den Erfahrungen der Occupy-Leute beschäftigt – und denke, dass man dabei einiges lernen kann, nicht nur in der Theorie, sondern auch bei praktischen Dingen auf der Straße.

Wenn man die Stuttgarter Demos der vergangenen Wochen erlebt hat, gibt es keine Zweifel, dass sie weitergehen. Es ist die anmaßende Propaganda realitätsfremder Herrschaften, der Protest habe nach der Volksabstimmung seine Legitimation bei der breiten Bevölkerung verloren. Nach dieser Logik hätte jede Opposition – nicht nur die FDP – ihre Legitimation bei der breiten Bevölkerung verloren.

Die Mehrheiten der S-21-Gegner bei der Volksabstimmung im breiten Zentrum von Stuttgart muss ich hier nicht mehr vorrechnen. Erwähnen muss ich auch nicht mehr, dass diese Volksabstimmung eine Art Freibrief ist, etwa für die Kapitulation des Denkmalschutzes. Wichtiger erscheint mir dieser Hinweis: Seit die Grünen den Ministerpräsidenten stellen, ist der Stuttgarter Landtag endgültig eine oppositionsfreie Zone.

Das kann nicht gut sein für eine Demokratie, und der Protest tut deshalb gut daran, über die schiefen Bahnsteige von S 21 hinauszudenken.

Für heute verabschiede ich mich mit einem Satz von Theodor Heuss. Er hat ihn den Beamten gewidmet, auch Mentalitätsbeamten wie Herrn Kretschmann, er gilt aber auch für Berufsdemonstranten. Ich zitiere:

»Die Pflicht zum Widerspruch ist im Gehalt inbegriffen.«

Vielen Dank.

Der Mülleimer

Es war April 2011 und Zeit, mich aus dem schwarzen Loch des Lebens zurückzumelden. Ein Dutzend Leute hatte mich bereits gefragt, ob mich die *Stuttgarter Nachrichten* gefeuert hätten. Als ich sagte, ich hätte Urlaub gehabt, sahen sie mich ungläubig an.

Urlaub ist ein Unwort. Urlauber klingt wie Berufsdemonstrant. Mehr denn je geht es darum, die Ärmel hochzukrempeln, bevor die Welt zusammenkracht wie in einem Film von Roland Emmerich.

Vieles hatte sich verändert in meiner Arbeitsabstinenz. Landtagswahlen hatten stattgefunden und Stürme der Entrüstung in den Wassergläsern der Zahnprothesen ausgelöst.

Früher, als noch alles in Ordnung war in der Stadt, genoss ich es, wenn die Damen aus der Halbhöhe mit ihrem Porsche Cayenne vor dem Bio-Supermarkt unseres Viertels im Westen vorfuhren, um haufenweise unverstrahlten Bärlauch einzukaufen. Dann aber wurde die Regierung gestürzt, die Berufsdemonstranten plünderten die Regale, und seitdem stehen auf den Parkplätzen nur noch Fahrräder und Wanderstiefel. Cayenne findet man nur noch im Gewürzregal.

Seit jeher bin ich gegen jede Regierung, weil man doch lieber ein freier Mann wäre als ein Regierter. Und seit langem leide ich mit den Damen, die morgens nicht mehr im Porsche, sondern am Stock zu unserem Bioladen kommen. Die Regierung, heißt es, habe Autos verboten. Nach dem Einkauf ziehen sich die Damen mit ihren Papiertüten ermattet zum Übernachten ins Hotel Maritim zurück. Erst am nächsten Morgen sind sie wieder in der Lage, mit frischen Kräften und grünen Sherpas den

Rückmarsch aus dem Westen in die nördliche Halbhöhe der Methusalem-Rebellen anzutreten.

Zum Glück fahren unsere Straßenbahnen noch wie gewohnt, obwohl sie wie gelb verstrahlte Wanderwarzen an den letzten Atomstrom-Leitungen des Landes hängen. Und Gott sei Dank werden die Wagen wie früher zur Ablenkung der Passagiere mit Lyrik dekoriert. Neulich habe ich ein Gedicht von Ernst Jandl in der Straßenbahn entdeckt und es in mein Notizbuch geschrieben. Es trägt den visionären Titel »Demokratie« und geht so: »Unsere Ansichten / gehen als Freunde / auseinander.« Ende.

Das sind große Frühlingsworte. Ich widme sie allen reaktionären Investoren und fortschrittlichen Linken in der biblischen Hoffnung, die neue Regierung möge schon bald zum Teufel gehen.

Der neue Ministerpräsident klingt merkwürdig, wenn er spricht. Wohl nicht umsonst heißt er Kretschmann. Wenn er redet, hört er sich an, als spreche er in die Gießkanne, aus der er seine Gefolgschaft vor der Wahl mit Lügen und falschen Hoffnungen beträufelt hat.

Seltsamerweise ist die schwäbische Macht seit jeher mit Gänsehaut erregendem Sound gefärbt. Zuerst schockte uns die näselnde Kalaschnikow-Kanone aus Ditzingen. Dann nervte uns die militaristisch gestimmte Machtbacken-Trompete aus Mühlacker. Heute gibt uns uns die frömmelnde Quäker-Klarinette aus Spaichingen den Rest.

Kaum aber sind die Karten neu gemischt, herrscht Ordnung in der Stadt. Am Sonntag ging ich über den Schlossplatz. Viele Berufsurlauber lagen in der sommerlichen Aprilsonne auf dem Rasen, als neben der Treppe zur U-Bahn ein Mülleimer zu rauchen begann. Der kokelnde Blechbehälter war klein, und er qualmte lüstern wie ein Aschenbecher, in dem sich gerade eine glühende Zigarettenkippe an ein feuchtes Tempotaschentuch herangemacht hat. Kaum war die erste weiße Wolke aus dem Eimer zum Himmel gestiegen, um vom Machtwechsel in den umliegenden Regierungspalästen zu künden, fuhr auf dem Schlossplatz ein Mercedes-Truck der Feuerwache 1 vor. Zwei uniformierte Männer der unberittenen Polizei hatten zuvor den Mülleimer umzingelt, um dem Berufsfeuerwehrauto Platz zu schaffen. Vier mutige Feuerwehrmänner stürzten heraus und verlegten – noch im Sprung – ihren Wasserschlauch. Der war fett genug, um jeden Demonstranten-Haufen am Bahnhof ins Nirwana zu schießen.

Zu meinem Bedauern liefen in diesem Moment rund um den Mülleimer so viele feixende Menschen zusammen, dass der zuvor viel beklatschte Straßenclown in der Nachbarschaft vor leeren Rängen spielen musste. Die vier Männer löschten den Brand mit ihrem Schlauch, und mir wurde klar, dass nach den Wahlen ein neuer Eifer zur Rettung der Welt alle marktwirtschaftlichen Grenzen sprengte.

Früher hätte zur Bekämpfung eines städtischen Flächenbrandes die Bio-Kraft eines guten Mannes genügt. Hätte er nur schnell genug seinen Feuerlöscher aus dem Hosenschlitz gezogen.

Meine Damen und Herren, es ist viel los in der Stadt, wenn sich die Zeiten ändern. Und falls sie nicht mehr Cayenne fahren, gehen die Ansichten als Freunde zu Fuß auseinander.

Die Station

Drei Wochen vor dem WM-Finale 1954 wurde ich in einem Dorfbahnhof am Fuß der Ostalb geboren. Mein Vater war Bahnhofsvorsteher, meine Mutter Hausfrau, und Kreissaal-Geburten hatten sich auf dem Land noch nicht durchgesetzt. Ich kann mich nicht erinnern, ob bei meiner Ankunft im Bahnhof das Geschirr in den Schränken gescheppert hat, so wie später bei jedem Zug, der in den Bahnhof einfuhr. An manchen Tagen klapperte das Geschirr so laut, dass ich hoffte, der Zug sei entgleist. Das ist nie passiert. Einmal wollte ein betrunkener Tanzmusiker aufs Trittbrett eines fahrenden Zuges springen. Er ist unter die Räder geraten, hat ein Bein verloren und nie mehr Musik gemacht. Zum Glück fuhren damals nicht so viele Züge. Der Bahnhof war aus Sandstein gebaut, der war ockerfarben und kackbraun und vom Regen verwaschen. Vermutlich hat während des Zweiten Weltkriegs nie eine Bombe im Umkreis von 50 Kilometern eingeschlagen. Der Bahnhof wäre eingestürzt. Zu meiner Zeit war er schon so gut wie hinüber.

Das Gebäude war, glaube ich, drei Stockwerke hoch und der Blitzableiter, den man an der Fassade mit Eisen in den Stein geschlagen hatte, ziemlich locker. Das schreckte mich nicht davon ab, immer wieder ohne Seil bis zur Dachrinne hinaufzuklettern. Manche Fahrgäste und Passanten hielten meine Blitzableiter-Nummer für gefährlich, und oft hatte ich viele Zuschauer, weil sich gegenüber vom Bahnhof die Bahnhofswirtschaft befand. In Wahrheit war es eine leichte Übung, später war ich auch an der Kletterstange der Schulturnhalle einer der Flinksten, wenn auch nicht gut genug, um professioneller Akrobat oder Fußballtorwart zu werden.

Der alte Dorfbahnhof existiert schon lange nicht mehr. Man hat ihn abgerissen und durch einen Fahrkartenautomaten ersetzt. Es war ein Bahnhof für Dampflokomotiven, mit Fahrkartenschalter, Wartesaal und Kaubonbon-Automat von *Maoam*. Die wenigen Männer, die hier in Uniform arbeiteten, mussten von Hand die Weichen stellen. Das war nicht gut für ihre Bandscheiben und auch nicht für ihr restliches Leben.

Unweit des Bahnhofs gab es die Bahnhofsschuppen und einen stattlichen Hühnerstall, einen ackergroßen Gemüsegarten und den Güterbahnhof, wo Waren aus den Fabriken des Dorfes und der umliegenden Nester verladen wurden.

Zum Spielen war dieses Gelände nicht schlecht, es gab sogar Ratten. Leider kam es für mich zu früh. Die Gleise erzählten mir noch keine Geschichten.

Ein Verhältnis zur Eisenbahn habe ich erst entwickelt, als ich Karl-May-Bücher las, und da wohnte ich nicht mehr im Bahnhof. Der Bahnhof war eine Katastrophe gewesen. Anfangs gab es ein gemeinschaftliches Plumpsklo für mehrere Mietparteien. Bad und Toiletten wurden erst später in die Wohnungen gebaut. Ich habe sechs oder sieben Jahre im Bahnhof gewohnt. Nicht lange genug, sonst hätte ich wie Karl Mays Männer das Ohr auf die Schiene gelegt und die Ankunft des Zuges vorhergesagt. Aber wozu. Es gab bereits Fahrpläne und keine Indianer mehr. Die Eisenbahn, das erfuhr ich später, hatte die meisten Indianer umgebracht.

Von dem Plumpsklo träume ich heute noch wie vom Krieg, in dem ich nicht war. Ein Dorfbahnhof ist nicht das, was man gedankenlos Idylle nennt. Wenn man heute mit der Eisenbahn durch das östliche Deutschland oder die schwäbische Provinz fährt, steht fast jeder Dorfbahnhof herum wie die Weltendstation. An der Automatenbahnstation meines Dorfes hängen Jugendliche mit Kapuzenjacken ab. Sie träumen von einem Flug nach Amerika und terrorisieren die letzten katholischen Kirchgänger. Jeder, der an einer Bahnstation ohne Intercity-Anschluss zur Welt kommt, wird es im Leben schwer haben. Zieht er nicht rechtzeitig die Konsequenzen und die Reißleine.

Mitte der Siebzigerjahre kam ich in Stuttgart an, sechzig Kilometer vom Bahnhof mit Plumpsklo entfernt. Damals fuhr ich noch Auto, doch der Hauptbahnhof gefiel mir von Anfang an. Viele Leute, fand ich bald heraus, wussten nicht viel über ihren Bahnhof. Sie kannten nicht die *Bali Bar*, das Sammelbecken der Schattenmenschen, und sie waren nie in der kleinen Bar des Bahnhofshotels, die keinen Namen hatte, aber berühmte Namen an der Wand hinter der Theke versammelte. Anders als die *Bali Bar* überlebte die kleine Bar bis zum Ende des vorigen Jahrhunderts.

Der Chef der Bar hieß Jonny, das war vor meiner Zeit. Als er schon eine Weile am Rhein im Ruhestand lebte, habe ich ihn getroffen. Das war im Winter 1986. Wir setzten uns in die kleine Bar; die Bundesbahn hatte das Treffen auf meinen Wunsch hin arrangiert.

Jonny kommt 1910 in Kalkar zu Welt (sein Geburtsort an der deutsch-holländischen Grenze sollte später im Atomkraftkonflikt berühmt werden). Seine Eltern führen die Bahnhofswirtschaft, sein richtiger Name ist Fritz Wirth. Er erlernt den Beruf des Barmixers, und weil Barmixer nicht Fritz Wirth heißen, nennt man ihn Jonny. »Meine Geschichte ist die Geschichte vom kleinen zum großen Bahnhof«, wird er später sagen.

In den Dreißigerjahren landet Jonny in Stuttgart. Er arbeitet im *Cabaret Excelsior* und im *Friedrichsbau Varieté*, zu seinen Chefs gehört der Komödiant Willy Reichert. 1936 startet in Friedrichshafen das Luftschiff *Hindenburg* zu einer Rundreise über Deutschland, vier Tage nonstop in der Luft, eine Sensation. An Bord Kabinen mit Dusche und ein Konzertflügel, Journalisten aus aller Welt und Jonny aus Stuttgart. Ein New Yorker Reporter widmet ihm die Schlagzeile »Jonny, der fliegende Barmann«.

»Ein Luftschiff fliegt nicht«, wird er mir fünfzig Jahre später sagen, »ein Luftschiff fährt«. 1937 fährt die Hindenburg in den Tod. Auf dem Weg nach New York geht sie bei der Landung in Lakehurst in Flammen auf.

In Stuttgart feiert man in den Jahren nach dem Krieg große Filmpremieren und Gala-Abende, und die Stars kommen, weil es in der Stadt Autos von Mercedes gibt. Nach ihrer Ankunft landen die Herrschaften so gut wie immer in der Bar des alten Reichsbahnhotels. Am 31. Dezember 1949 um Mitternacht, Jonny hat den Laden gerade übernommen, hebt die Schauspielerin Camilla Horn das Glas, nimmt einen Schluck und kritzelt *Prost Neujahr!* auf eine der Tierhäute über den beleuchteten Bullaugen in der Wand. Darunter setzt sie ihr Autogramm. Jahre später zieren Hunderte von Unterschriften die Bar, die Signaturen von Gary Cooper, Kirk Douglas, Errol Flynn, Louis Armstrong, Ella Fitzgerald, Josephine Baker, Jesse Owens, Max Schmeling. Noch in den Siebzigerjahren verewigen sich die Rocker von Uriah Heep in der kleinen Bar. Als der Laden geschlossen und vernichtet wird, wandern die Autogramme in die Bar des Intercity-Hotels. Dort sind sie heute noch zu sehen.

Als ich 1998 meinen letzten Drink in der kleinen Bar nahm, kam mir nicht der Gedanke, eines Tages könnte man nach der kleinen Bar auch Teile des Bahnhofsgebäudes abreißen. Der Bau von Paul Bonatz schien mir heilig und Stuttgart 21 weiter weg als der Mond, der manchmal über dem Bahnhofsturm scheint, obwohl das Turm-Café schäbig und zum Heulen ist.

Man muss nicht wie ich in einem Plumpsklo-Bahnhof oder wie Jonny in einer Bahnhofswirtschaft geboren worden sein, um eine Beziehung zum Bahnhof zu haben. Man braucht nicht einmal sein Ohr auf die Schiene zu legen, um das Beben zu spüren. In Bahnhöfen liegt etwas Unvergleichliches in der Luft, etwas Unvermeidliches.

Zum Bahnhof bin ich sonntags zu Fuß geschlichen oder mit dem Taxi gefahren, wenn der Kühlschrank leer war.

Zum Bahnhof ging ich, wenn ich kein Buch für die Nacht hatte und kein Geschenk für eine Dame. Am Bahnsteig habe ich etwas über Ankunft und Abschied gelernt, über Liebe und Verlust. Und manchmal hat einer vergeblich gewartet, am toten Gleis.

Der Bahnhof mit seinem Ramschmarkt, seinem Schmuddel und seiner Offerte, eines Sonntags das Leben mithilfe der Artikel aus dem Drogeriemarkt neu zu starten, ist eine Stätte der Besinnung. Eine Kirche. Der Bahnhof erzählt Geschichten, er lebt. Was dagegen ist die flirrige Kälte eines Flughafens, das fahrige Klotürenschlagen einer Autobahnraststätte. Der Bahnhof ist wie ein Lied von Robert Johnson:

> *When the train, it left the station –*
> *with two lights on behind.*
> *Well, the blue light was my blues –*
> *and the red light was my mind.*
> *All my love's in vain.*

Die Politiker haben nicht an die Menschen gedacht, als sie entschieden, den Bahnhof zu kastrieren, ihm die Flügel abzuhacken. Sie haben mit den Menschen nicht geredet, sie haben Gefühle missachtet und die Dinge gedeckelt. Das ist die Plumpsklopolitik der Spekulanten, und wenn ich daran denke, möchte ich noch einmal den Blitzableiter hoch, auf dass die Banditen der Blitz beim Scheißen treffe.

Schwarzer Donnerstag

Es war früher Herbst und spät genug in diesem Jahr, um zu verschwinden. Ich hatte Ferien. Nur 68 Prozent der deutschen Westler, hatte ich in einem Aufsatz über den bevorstehenden Tag der Deutschen Einheit gelesen, haben je ostdeutschen Boden betreten. Seit Jahren im Westen Stuttgarts zu Hause, geplagt von meinem patriotischen Gewissen, fuhr ich nach Brandenburg. Jeder kennt Brandenburg, seit Rainald Grebe seine Ode auf dieses Land gesungen hat:

In Brandenburg, in Brandenburg / ist wieder jemand gegen einen Baum gegurkt / was soll man auch machen mit 17, 18 in Brandenburg?

Vorsichtshalber fuhr ich mit der Eisenbahn. Über Berlin und Potsdam nach Caputh, ein abgelegenes Dorf, kleiner als Uhlbach. Rund um Caputh gibt es Wasser. Die Havel, den Schwielowsee, den Templiner See. Bekanntlich habe ich einen Wasser-Tick, eine Sehnsucht nach Flüssen und Seen, seit ich als kleiner Junge von Huckleberry Finns Abenteuer am Mississippi gelesen und an der Rems gewohnt habe.

Im Dorf wurde ich am Waldrand einquartiert, zufällig im Nachbarhaus von Albert Einsteins berühmter Sommerresidenz. Herr Einstein wurde in Ulm geboren und zum Glück nicht mit dem Ulmer Gen ausgestattet. Das Ulmer Gen prägt Eingeborene wie den Oberbürgermeister der Stadt, einen kulturlosen Sozen-Schnauzer vom rechten Ufer der Donau.

Herr Einstein hat Ulm aus Gründen der Vernunft früh verlassen, er ging nach Berlin und bald darauf, auf der Flucht vor den Nazis, nach Amerika. Eines Morgens in den Ferien besuchte ich seinen Sommersitz in der Nachbarschaft, ein bescheidenes Anwesen im Bauhausstil. Ich hoffte, ich könne etwas von seiner Aura abbekommen in diesem Haus, vielleicht wie später, nach meiner Rückkehr, etwas von der Magie des Sängers Leonard Cohen im Konzertsaal. Anders als Herr Einstein ist Mr. Cohen noch am Leben, aber dieser Unterschied spielt bei diesen Männern keine Rolle. Sie sind da und füllen den Raum.

Die Tage in Caputh gingen schneller vorbei, als mir lieb war. Kaum zurück aus Brandenburg, ging die Scheiße am Stuttgarter Bahnhof los. Im Schlossgarten zerschossen Polizei-Wasserwerfer Kastanien. Später streuten die verantwortlichen Politiker die Lüge, Schüler hätten Pflastersteine geworfen. Es war der 30. September 2010, der Schwarze Donnerstag. Eine aus allen Teilen der Republik zusammengewürfelte Armee machte im Park Demonstranten gegen Stuttgart 21 nieder. Es war wie immer: Spekulanten und ihre Politiker ließen Polizisten für sich kämpfen, ihre Gegner konnten sich nicht wehren.

An diesem Tag gingen der Sänger Leonard Cohen und seine Band vom benachbarten Hotel Le Méridien zum Schlossgarten und trauten ihren Augen nicht: »Jesus«, sagte ein Musiker zu seinem Konzertmanager, »was machen die vielen Militärs im Park. Ist schon wieder Krieg in Deutschland?«

Rechtzeitig vor dem Tag der Deutschen Einheit am 3. Oktober hatten deutsche Politiker deutsche Metallzäune ankarren lassen, um dem deutschen Fortschritt den Weg zu sichern. Aus Caputh hatte ich einen Satz von Albert Einstein im Gedächtnis: »Der Fortschritt lebt vom Austausch des Wissens.« Heute ist Fortschritt ein anderes Wort für fortschreitende Zerstörung. Dreihundert Jahre alte Bäume hat man im Schlossgarten gefällt – und Rentner und Kinder gleich mit. Die Staatsmacht benahm sich widerlich, ihre Armee, ein unkontrollierter, schlecht trainierter Haufen, wirkte in ihrer materiellen Überlegenheit lächerlich. Sie demonstrierten Macht mit Übermacht, räumten mit Gewalt den Park. Es war eine neue Form von Blut- und Bodenpolitik. Viele Menschen im Park weinten hemmungslos, nicht nur wegen der Pfefferspray-Ladungen der Polizisten, auch einige Grünen-Politiker sah ich weinen, ich könnte ihre Namen nennen. Ein halbes Jahr später war ihre Partei an der Macht, und keine dieser Tränen wurde je wieder bei einer Kundgebung gegen Stuttgart 21 gesehen.

Am Tag nach dem Krieg im Park ging Leonard Cohen in der Stuttgarter Schleyerhalle auf die Bühne. Der Sänger sagte zum Publikum: »Passen Sie gut auf sich und Ihre Bäume auf!« Dann sang er seinen Songs »Anthem«: *The birds they sang / at the break of day* ...

Diesen Abend werde ich nie vergessen.

Es wurde Oktober. Die Bäume verloren ihre Blätter, auf den Pflastersteinen am Karlsplatz lagen Kastanien. Früher hätte ich sie nicht beachtet.

Jeff Bridges

Ich gehöre zu den Trotteln, die in jeder Stadt Souvenirläden aufsuchen und Schrott einkaufen. Bedruckte Kaffeetassen, Kapuzenjacken, Notizbücher. Auch diese Kitschdinger aus Glas, in denen es im Sommer Schnee regnet, wenn man sie lange genug schüttelt. Man kann diese Sachen keinem vorzeigen, ohne sich zu blamieren. Selbst eine Kaffeetasse aus New York sieht selten aus wie eine Kaffeetasse aus New York. Meist wirkt sie peinlich wie ein Schal mit der Aufschrift »VfB – Nie mehr 2. Liga!«

Neulich stöberte ich im Berliner Hauptbahnhof nach etwas Brauchbarem für meinen Erinnerungsmülleimer, fand aber nur eine Kaffeetasse mit der viersprachigen Warnung: »Sie verlassen den amerikanischen Sektor – US Army«. Der alte Zonen-Slogan erinnerte mich an etwas: Im Grunde habe ich den amerikanischen Sektor des Lebens bis heute nicht verlassen.

Von der Souvenirausbeute nicht befriedigt, suchte ich im Bahnhof einen CD-Laden auf. Diesmal hatte ich Glück. Schon im ersten Regal lag Carter Burwells Filmmusik von »True Grit«, dem neuen Western von Joel & Ethan Coen. Ich war sehr erregt, weil der Film noch nicht angelaufen war, und griff sofort zu.

Was für ein Gefühl, den Soundtrack eines Films vor dem Start des Films in Händen zu halten. Das ist etwas anderes, als sich in Internetsupermärkten wie Youtube zu bedienen. Als würde man im Sommer die Glashalbkugel aus einer Souvenirbude schütteln, bis es Schnee regnet.

Noch nicht richtig zu Hause, die Stiefel noch an, legte ich die Scheibe auf. Ich hörte eine Weile das Klaviersolo, und dann öffneten mir Geigen den Blick auf das weite Land. Ich sah Jeff Bridges auf seinem Pferd vor meinem

Fenster in Richtung Schwabstraße reiten. Er trug einen Revolver und eine schwarze Augenklappe, und er hatte das gleiche junge Mädchen bei sich, das ich vor vierzig Jahren an der Seite von Marshal John Wayne gesehen hatte. Mister Bridges sah aus wie ein Mann, der weiß, dass es Schnee regnet, wenn man eine Flasche Whiskey geschüttelt hat.

»Mister Bridges«, rief ich zum Fenster hinaus, »neulich habe ich Sie als Countrysänger in ›Crazy Heart‹ gesehen. Inzwischen sind Sie von Kopf bis Fuß ein ganzer Kerl, meinen allergrößten Respekt, Mister Bridges.« »Verlassen Sie bloß nicht den amerikanischen Sektor«, rief mir Mister Bridges zu, »es wäre schade um Ihr kurzes Leben.« »Niemals«, rief ich und drehte die fünfte Nummer meiner Soundtrack-Scheibe so laut auf, dass alle Schurken in der es Stadt hören konnten: »The Hanging Man«.

Es ist ein guter Trip, der Filmmusik zu lauschen, bevor man den Film sehen kann. Das sind die Errungenschaften des modernen Kapitalismus. Heute wird, wie es auf Dummdeutsch heißt, so »zeitnah« produziert, dass die Dose im Regal steht, bevor die Wurst drin ist.

Ich lehnte mich zurück und schüttelte meine Glaskugel, damit mein Film weiterlief. Hufe donnerten, und ich begriff, was es heißt, wenn der EU-Politiker Oettinger der *Bunten* erzählt, dass seine Frau ihn »ein bisschen mehr liebt als ihr Pferd«. Es muss viel schiefgelaufen sein im Sektor des Lebens, wenn einer Frau der Oettinger näher ist als der eigene Hengst. Besorgt möchte man ihr zurufen: »Nie mehr 4. Liga!«

Dazu kam es nicht mehr. Aus meinen Lautsprechern erklang die Nummer 17, »Ride To Death«, kurz darauf »The Grave«. Dann war mein Film zu Ende, und ich ging ins Kino.

Pragstraße

Fast fünfzigtausend Autos rollen täglich durch die Pragstraße. Da abgasmäßig nicht zwingend mit zusätzlichen Problemen zu rechnen ist, wenn unsereins die Strecke vom Pragsattel nach Cannstatt zu Fuß zurücklegt, ziehe ich los. Kein weiter Weg, ein Spaziergängerklacks. Unten angekommen, rechter Hand die Straßenbahnhaltestelle Glockenstraße vor Augen, ist der Giftgestank so unerträglich, dass ich das ganze Elend auf Bad Cannstatt schiebe. Cannstatt, dieses Vorstadtgebräu.

Eigentlich hätte ich keinen Grund gehabt, die vierspurige Stadtautoahn entlang zu stiefeln, wo der schöne Rosensteinpark an die andere Seite der Rennstrecke grenzt. Pfeif auf die grüne Lunge, sagte ich mir, man muss sich mit dem Stuttgarter Stinkerleben arrangieren. Vielleicht hatten es mir hoch über der nördlichen Straßenseite die Landespolizeidirektion im ehemaligen Bosch-Krankenhaus und vor meiner Nase die weiteren Posten derselben Firma angetan. Vielleicht auch das ganze andere Theater. Im Hinterhof der Pragstraße, unterhalb der Löwentorstraße, geht seit einiger Zeit das Ensemble des Staatsschauspiels auf die Bühne, neuerdings auch mit Stücken, die fürs Stammhaus am Eckensee gedacht waren. Bekanntlich sind die Mimen in einer Farce namens Fortschritt der weltberühmten deutschen Ingenieurs- und Planungskunst zum Opfer gefallen. Solche Dinge passieren in unserer kleinen Stadt immer öfter beim Streben nach Weltruhm.

Noch bevor ich abbiege in Richtung neues Künstlerquartier (auch Eric Gauthiers Tanzkompanie hat hier, in der Theaterhaus-Probebühne, eine Bleibe gefunden), kommt es zu einer denkwürdigen Begegnung. Ich muss nicht extra erwähnen, dass es regnete an diesem Tag. Es gibt Gegenden, die sehen immer aus, als habe Gott seinen großen Pisskübel in die Kulisse eingebaut. Auf dem Gehsteig sehe ich vor meinen Stiefeln ein graues Knäuel mit Schwanz. Mausetot, doch zweifelsfrei eine Ratte. Zwei Jungs mit Schulranzen treffen am Tatort ein. Sie kommen aus der Altenburgschule vom Hallschlag. Der eine stößt mit dem Fuß gegen das graue Knäuel und sagt: »Scheiße, Scheiße!« »Cool, Mann, cool«, sage ich, »ist bloß eine tote Ratte.« »Es gibt hier zu viele Ratten«, sagt der Junge, »mein Vater legt jeden Abend Rattengift aus.«

Die Jungs gehen rasch weiter, ich war ihnen wohl nicht geheuer mit meiner Fragerei nach Ratten und so. Sie verschwinden in einem Wohnhaus in der unteren Pragstraße, in einem dieser geheimnisvollen, schlanken, verlebten Gebäude. Teils aus Sandstein, reichlich bestückt mit Satellitenschüsseln, stehen sie verloren herum wie unheimliche Zeugen der Vergangenheit, glückliche, womöglich auch unglückliche Überlebende der schweren Bombenangriffe auf die Industrie im Stuttgarter Norden gegen Ende des Zweiten Weltkriegs.

Ein Anreiz, die Pragstraße nachmittags entlang zu spazieren, ist für mich die Tatsache, dass so etwas kein vernünftiger Mensch freiwillig tut. Was aber könnte ich bei näherer Beschäftigung über den hohen Norden für Geschichten erfahren, über die Prag, die man vermutlich nach dem keltischen Wort »Barg« (Hügel, Nacken) benannt hat und damit viele tschechisch gefärbte Irrtümer in die Welt setzte. Zwischen zwanzig- und dreißigtausend Menschen haben noch lange nach dem Zweiten Weltkrieg in den Fabriken an der Pragstraße gearbeitet. Ihre Produkte, darunter schwere Druckplatten, braucht heute keiner mehr. In der Firma Eckardt für Elektro-Anlagen brennt noch Licht, durchs Fenster kann ich ein paar Menschen bei der Arbeit sehen.

Erfahrungsgemäß wird in einigen toten Ecken der Stadt erstaunlich viel getüftelt, gewerkelt und inszeniert, häufig im Schatten bekannter Adressen. So ist vielen der Club

Zapata ein Begriff, dieser energie- und fantasiewütige Musik- und Performance-Dschungel auf dem Areal von Winzemann. Wer aber stolpert zwischen Prag- und Löwentorstraße in die originellen Ateliers gegenüber dem Schauspiel Nord? Hier arbeitet der Kameramann und Filmtechniker Frank Wurster im Atelier Kinomatik, im selben Haus findet man das Filmstudio Blaufisch, den Zaubertrick-Designer Andreas Meinhardt und den Licht-Roboter-Künstler Joachim »Fletchy« Fleischer.

Hin und wieder verirren sich nebenan ein paar durstige Streuner in den Laden *Bar Baresco*, nicht ahnend, dass sie nicht in einem Lokal landen. Essam, der Lieferwagenfahrer, klärt mich auf: Der Lagerraum beherbergt Vorräte des italienischen Piemont-Weins Barbaresco.

High wie ein Pattex-Schnüffler schlage ich mich am Ende meiner Tour bis zum Wilhelmaplatz durch, stehe vor der Gaststätte *Adler*, einer Kneipe, wo es die Halbe für zwei Euro gibt. Ihre schmiedeeiserne Handwerkskunst über dem Eingang und die Fenster mit der originalen Bleiverglasung der früheren Brauerei Wulle erinnern an bessere Cannstatter Zeiten. Ich winke einem befreundeten Taxifahrer, er heißt Harry und sitzt wahrheitsgemäß in einem Modell der tschechischen Marke Skoda. Wir flüchten über den Neckar. Es gibt Orte und Tage, wo du keinen Nerv hast, auf eine Bahn zu warten und deshalb auch den Rest der Stadt vergast.

Hotel Lessing

Nach Sonnenaufgang vor die Haustür, dem Maisommer einen guten Morgen wünschen, die Zeitung überfliegen und schallend in die Stadt hineinlachen. Unser grüner Herr Staatssekretär für Kultur, ein ausgewiesenes Landei wie unsereins, beschwört gerade mit der Dynamik einer Schildkröte den Einzug seiner gefledderten Kultur »in die Mitte der Gesellschaft«. Man ahnt: Er wird es nie schaffen, der Mitte seiner Provinzwelt und den siebziger Jahren zu entkommen.

Schnell weg von diesem toten Gleis.

Von der Klopstockstraße zum Hölderlinplatz, die Straßenbahnschienen entlang Richtung Hölderlinstraße. Einen Augenblick verweile ich am Stolperstein zum Gedenken an Lilo Herrmann vor dem Haus Nummer 22. Die 1909 in Berlin geborene Widerstandskämpferin lebte während des faschistischen Terrors in der Hölderlinstraße. Ende 1935 nahmen die Nazis sie fest und verurteilten sie zum Tode. Neunzehn Monate saß sie in Stuttgart im Gefängnis. Am 20. Juni 1938 wurde Lilo Herrmann im Kerker von Berlin-Plötzensee ermordet, mit dem Fallbeil hingerichtet. Ihr zu Ehren haben Stuttgarter Bürger 2010 in der Böblinger Straße in Heslach das *Linke Zentrum Lilo Herrmann* gegründet.

Auf dem kurzen Weg durch meine Nachbarschaft lande ich mitten in der Geschichte der Stadt. Mein Ziel ist die Lessingstraße, von der Hölderlinstraße führt sie hinauf zum Herdweg. Grund meiner Tour ist eine Botschaft aus der digitalen Mitte des Lebens. Herr Ulrich Locher, 1941 in Stuttgart geboren, seit langem in Hamburg zu Hause, hat mich im Internet entdeckt, er war auf der Suche nach der Bäckerei Schmälzle. An Silvester 2011 hatte ich über das Ende des Geschäfts im Leonhardsviertel berichtet, darauf schrieb mir Herr Locher: Der Bäckermeister Wilhelm Göller, der den Laden 1948 an Hans-Georg Schmälzle, den Vater des letzten Altstadt-Bäckers, Georg Schmälze, verpachtet habe, sei sein Großvater gewesen.

Seit dieser E-Mail sind der Mann aus dem Norden und ich im Nachrichtengeschäft. Neulich teilte er mir mit, seine Eltern hätten nicht weit von meiner Wohnung bis Mitte der fünfziger Jahre eine schöne Herberge geführt, das Hotel Lessing in der Lessingstraße 12. Heute steht dort, neben einem braunen Backsteinhaus aus der Gründerzeit, ein modernisiertes Wohngebäude. Gegenüber residiert der nicht unbekannte Immobilienmakler Gerd Durchdenwald. Als ich ihn auf der Straße frage, ob er je vom Hotel Lessing gehört habe, sagt er: »Ja, hier hat Sepp Herberger mit seiner Fußball-Nationalmannschaft gewohnt.«

Herr Locher erinnert sich, wie er als Bub mit dem legendären Bundestrainer Herberger und den Spielern um Kapitän Fritz Walter im Mannschaftsbus ins Neckarstadion fahren durfte. »Auf der Fahrt hat der Chef zu einem Lied aufgefordert und die Mannschaft einstimmig ›Wenn die bunten Fahnen wehen‹ intoniert.«

Im Hotel Lessing residierten viele Berühmtheiten, darunter Gunter Sachs. Der spätere Playboy und Künstler begann damals bei Bosch eine Lehre als Feinmechaniker. »Er hat unserem Kellner, Herrn Brinkmann, zehn Mark geboten, wenn er im Frack in unseren kleinen Pool springt«, berichtet Herr Locher. Der Kellner sprang und kassierte. Immer bevor Herr Sachs eine Dame ins Hotel mitgebracht hat, rief er an: Das Zimmermädchen, Fräulein Grimm, möge doch bitte das Foto mit dem Frauenporträt von seinem Nachttisch nehmen.

Zu den Gästen im Lessing gehörten auch große Schauspieler, darunter der deutsche Hollywood-Star Hardy Krüger und seine Frau und Kollegin Renate Densow. Sie spielten in einem Durbridge-Krimi in der *Komödie im*

Marquardt in der Bolzstraße. »Hardy Krüger«, erinnert sich Herr Locher, »hat mir ein Karl-May-Buch geschenkt und ein großes Bild mit der Aufschrift ›Meinem Freund Uli‹.« Auch der Komödiant Theo Lingen logierte im Haus, und fiel, wie alle Komiker, »privat nicht gerade durch überschäumenden Humor auf«.

Mitte der Fünfziger lassen sich Ulis Eltern scheiden, der Junge wohnt noch eine Weile bei den Großeltern im Leonhardsviertel, wächst als echter Stuttgarter Altstadtjunge heran, ehe er als Kfz-Schlosser nach Hamburg geht und eine Tankstelle übernimmt. Heute ist er Rentner, besitzt ein vorzügliches Gedächtnis und weiß noch, wie sein Vater einmal schwer beeindruckt aus dem Zimmer seines Hotelgastes Rudolf Caracciola kam. Im Refugium des weltberühmten Rennfahrers hatte er mehr Intimes gesehen als an Tagen, wo die langen Beine der Basketball-Helden von den Harlem Globetrotters aus den Lessing-Betten hingen. Caracciola rief den Hotelchef zu sich und empfing ihn splitternackt. Er hatte gerade geduscht. Das war eine unglaubliche Nummer, in den Fünfzigern.

Nach ihrer Scheidung verkauften Ulis Eltern das Hotel. Es wurde in ein Schwesternheim umgewandelt. Herr Locher erinnert sich, dass er ziemlich traurig war, weil er seine Schildkröte im Haus zurücklassen musste. »Wenn Sie mal vorbeikommen«, schreibt er mir, »geben Sie Lisa bitte ein Blatt Salat. Schildkröten werden ja sehr alt.«

Schippen, Shoppen, Poppen

Eine der schönsten Übungen des Spaziergängers ist es, in die Abenddämmerung hineinzugehen. Er startet im Licht und landet im Dunkel, marschiert er vom Marienplatz bis zur Stadtmitte.

Der Marienplatz scheint immer beliebter zu werden. Ganz in der Nähe des Platzes, in der Filderstraße, hat ein Afro-Restaurant eröffnet. Das Gebäude Nummer 61 ist eine altbekannte Adresse, nicht nur für erregte Herren, die sich im zweiten Stock von Wellness-Damen bedienen lassen. Im Erdgeschoss gab es über Jahrzehnte hinweg gute Lokale.

Das berühmteste war das *Exil*, ein unvergessener Laden, der in den achtziger Jahren einen Schuss urbane Qualität in den Süden brachte. Der schwäbische Exil-Wirt Götz Bremme hatte zuvor in Berlin Lebenserfahrung gesammelt und Frontstadt-Stil entwickelt. Im Exil verkehrten junge Punks, abgehangene Bar-Hocker, Hells Angels und Leute aus der Nachbarschaft, eine Mischung, die in der Stadt ihresgleichen suchte. Frühstück gab es bis 14 Uhr, und das war nicht die einzige Sensation. Der Laden feierte wilde Themenpartys, als noch keiner wusste, was das ist.

Herr Bremme übte sich an der Exil-Theke in der gerade neu aufkommenden Kunst des Cocktail-Mixens und erreichte darin erstaunliches Niveau. Bald darauf, 1986, brachte er sein Können in die von ihm neu eröffnete Cocktail-Bar *Hans im Glück* am Hans-im-Glück-Brunnen ein. In der Kneipenszene galt er als einsamer Rufer, seine Drinks hatten die Klasse von *Schumanns Bar* in München.

Heute floriert am Brunnen der Party-Kreisverkehr. In den Räumen vom »Hans«, wie die Stammgäste die Bar bis zum deren Ende 2005 nannte, ist das Lokal *Mrs. Jones* eingezogen; mit der früheren Daiquiri- und Gimlet-Kultur hat es nichts mehr zu tun. Götz Bremme ist 2007, viel zu früh, gestorben.

Der kurze Marsch vom Marienplatz bis zur Altstadt reicht, um solche Anekdoten im Kopf abzurufen. Durch die Tübinger Straße, vorbei am großen Fahrrad-Geschäft mit dem blauen Licht an der Fassade. Unterwegs ein Stopp vor der Riesenbaustelle, dem kriegsgleichen Abbruchgelände für die neue Shopping Mall. Am Bauzaun ist das Gelände wider alle historische Wahrheit als »Das Gerber« ausgewiesen, eine haushohe Tafel verbreitet eine extrem witzige Marketing-Botschaft: »Heute: schippen. Morgen: shoppen. Hier wächst Stuttgart zusammen.«

Kein Mensch begreift, warum ausgerechnet mithilfe konfektionierter Konsumkästen an der Paulinenbrücke die Stadt zusammenwachsen soll. Irgendwer im Marketing-Stall hat wohl zu viel gewachst. Zitat: »Hier wachsen 24.000 m² Ladenfläche – für alle Bedürfnisse des täglichen Lebens genauso wie für exklusive Marken, die es in Stuttgart bisher noch nicht gegeben hat.«

Ich überlege eine Weile, was die Investoren-Propaganda »Heute: schippen. Morgen: shoppen« bedeuten könnte. Dann kommt es mir: Sie meinen Kohle schippen. Kohle ist schwarz. Die große Immobilien-Krake, von allseits bekannten Herren in italienischen Anzügen gelenkt, ist ungehindert in der Goldgrube Stuttgart unterwegs, gaukelt den Leuten mit peinlichen Phrasen eine neue Realität vor: »Ein Ort, der die Stadt verbindet, der uns noch näher zusammenbringt.«

Wie sollen »uns« Beton- und Glaskomplexe näher zusammenbringen? Noch näher womöglich, als es der Autobahn zwischen Hans-im-Glück-Brunnen und Leonhardsviertel, zwischen Staatstheatern und Staatsgalerie gelingt? Bis heute ist Stuttgart weltweit eine der wenigen

Städte, wo man Angst haben muss, beim Verlassen des wichtigsten Kunstmuseums am Platz von einem Lastwagen überrollt zu werden. Wo Theaterbühnen und Galerien durch vierspurige Straßen ins Abseits befördert werden.

Nie haben sich die Politiker dazu durchgerungen, dieses hässliche Loch im Stadtleben zu deckeln, um die Bürger und ihre Kultur näher zusammenzubringen. Die große Immobilien-Krake hatte anderes vor.

Die Stadt soll mit Hilfe von Einkaufs- und Bürozentren »zusammenwachsen«. Die Propaganda vom Sich-näher-Kommen und Zusammenwachsen wird dumm und penetrant eingesetzt, als müsse man den Leuten Angst einjagen, ohne die Massen-Events zu Grunde zu gehen.

Wir kommen uns näher und näher in der Stadt. Umarmen uns in Supermärkten. Vereinen uns zwischen den Kleiderständern scheinexklusiver Marken. Bald werden die Reklametypen ihren ultimativen Slogan tapezieren: »Heute: shoppen. Morgen: poppen.«

Das Leben ist schön. Das Wachstum wächst. Es wird floppen.

Die Antilope

Ich bin Allesesser. Spinat. Kutteln. Presssack. Ich esse alles, auch global. Ćevapčići. Kentucky Fried Chicken und Nummer 127 A pikant. Diese politische Haltung im Küchenfach gilt als verwerflich. Der Allesesser ist kannibalisch, gottverachtend, ungrün.

Mein Pech, dass alle Leute etwas vom Essen zu verstehen glauben, seit jeder Fernsehkoch bei uns berühmter ist als jeder Popstar, die singende Frühlingsrolle Herbert Grönemeyer inklusive.

Essen ist extrem populär, noch populärer als Schlager und Witze. Irgendwann bin ich dahintergekommen, warum: So gut wie jeder kann essen. Außer Models und Vegetarier. Das Thema Essen ist eigentlich nicht meine Sache. Ich interessiere mich dafür nur, wenn ich Hunger habe.

Es war Ende April, und die Frühlingssonne heizte die Stadt auf, als wollte sie die Grill-Saison eröffnen, diese üblen Tage, wo verkohlte, unverdaute Würste in bierverschlammten Menschendärmen vor sich hinfaulen. Man riecht es in der ganzen Stadt. Schlimmer als die Heslacher Brauereien.

Wenn die Jahreszeiten wechseln, geht der Stuttgarter Mensch am besten zum Marienplatz. Nirgendwo lässt sich besser beobachten, wie sich die Dinge verändern. Die Freiluftkneipen am Platz füllen sich schon morgens. Ins *Café Kaiserbau* kommen Leute mit Abitur, in *Annas Treff* solche mit Lebenserfahrung. Der Marienplatz ist unser urbanster Platz. Noch urbaner wäre er, hätte man ihn nicht mit dem Eiscafé *La Luna* zugestellt. Es hätte genug andere Baulöcher in der Stadt gegeben, um die Expansionsgier italienischer Familien zu stillen.

Egal. Ich bin Allesfresser und Drinnensitzer. Das Frischluft-Getue in der Stadt ist mir zutiefst zuwider. Ich sitze nicht gern, wo einem spielende Hunde und freilaufende Kinder beim Kuttelessen an die Stiefel pissen.

Als der Frühling kam, ging ich vom Marienplatz Richtung *Madagascar*. Das afrikanische Lokal ist gegenüber vom Marienplatz, im Haus der früheren Punk-Kneipe *Exil*. Die Punkrocker der Ärzte singen auf ihrem neuen Album namens »auch« ein lustiges Kinderlied:

... ihr lernt sechzig neue Sprachen, fahrt ständig um die Welt / ihr lagt schon vor Madagaskar – was habt ihr wohl bestellt?

Was ich bestellt habe im *Madagascar*, meine Damen und Herren, das kann ich Ihnen sagen: Antilopen-Chakalaka. Chakalaka ist die Welt.

Erst als ich das Wort »Antilope« ausgesprochen hatte, sah ich in meiner unmittelbarer Nähe diese Dame sitzen. Sie war jung, sehr jung. Ihr Blick genügte, mir zu sagen, was sie von mir hielt. Die Dame, ein alter Kojote spürt das im Schritt, gehörte zu den Menschen, die nichts essen, was Augen hat. Eine Antilope hat Augen. Erschwerend kam hinzu: Die Dame mit den Ich-esse-nichts-was-Augen-hat-Augen war keinen Tag älter als meine Antilope, als man sie geschlachtet hat. Verlegen sagte ich, was jeder Kuttelfresser sagt in dieser Situation: »Verzeihung, Mylady, meinetwegen hätte die Antilope nicht sterben müssen. Aber wenn Sie sie schon mal tot ist, kann ich sie auch essen.« Ich bin ein Fressfaschist.

Spätestens seit der Fußball-Weltmeisterschaft in Südafrika weiß jedes Kind, wie Chakalaka schmeckt, wenn das Kind nicht voll bei McDonald's verpommt. Chakalaka ist Sauce aus Tomaten, Paprika, Chilischoten, Knoblauch, Pfeffer, Curry und allem. Chakalaka ist vegetarisch. Wenn ich zur Geschmacksverstärkung ein wenig junges, zartes Antilopenfleisch zwischen das langweilige Gemüse verlange, ist das bei Gott kein Fall für den Menschenrechtsgerichtshof. Sondern für den Schlachthof.

Die Antilope schmeckte ausgezeichnet. Als ich erneut die Speisekarte studierte, entdeckte ich etwas noch Feineres: Filetfleisch vom Krokodil. Krokodilfleisch ist schweineteuer, es schmeckt wie Antilope mit leicht fischigem Abgang im Hühnerbereich.

Da ich neuerdings mit Rücksicht auf die Damenwelt wenn auch nicht vegetarisch esse, so doch vegetarisch denke, bitte ich um Gehör:

Werter Herr *Madagascar*-Koch, wenn Ihre nächste Krokodil-Lieferung eintrifft, geben Sie mir bitte Bescheid. Das Krokodilfleisch dürfen Sie in aller Ruhe in Ihrer verdammten Kannibalenküche verwurschten. Ich bin kein militanter Vegetarier. Doch wenn ich ein wenig Haut vom Krokodil bekommen könnte, am besten ein schönes Stück vom Schwanz, wäre ich Ihnen sehr verbunden. Und ich verspreche Ihnen: Die junge Antilope wird sie nicht entdecken, unter meinem Tisch. Meine nagelneuen Kroko-Stiefel haben keine Augen.

Fleischeslust

Der »Veggie Street Day« 2012 ist in der Stadt, das Straßenfest der Vegetarier und Veganer vor dem Rathaus. Den Schauplatz haben die Veranstalter gut gewählt. Im Rathaus sitzen die Lobbyisten, die Mitesser der Pfeffersäcke. Der Geruch von frischem Gemüse könnte sie stören, bevor sie die Stadt weiter durch ihren Fleischwolf drehen. Vermutlich aber grillen sie an den bevorstehenden Feiertagen irgendwo einen befreundeten Pfingstochsen. Kannibalismus haben sie ja bei der Stadtplanung gelernt.

Rechtzeitig zur Veggie-Party auf dem Marktplatz sind die Internetforen voll mit Tofu-Witzen und Ess-Bahn-Kalauern. Frei nach dem in Stuttgart weltberühmten Facebook-Komiker *Schroeder O'Ban* spricht alles für den fetten »Wurst-Case«. Ein anderer Facebook-Kollege garniert das Netz-Menü mit Songzeilen der Popgruppe Creme 21:

> *Ich mag Tiere, nicht nur kleine.*
> *Ich fress' vom Bullen auch die Beine,*
> *Schwanz und Leber, Innereien.*
> *Ich mag alle Sauereien.*

Nichts ist einfacher, als ausgerechnet den Anhängern des Verzichts eins über zu braten. Veggie-Bashing gilt unter Schnitzelbrüdern als absolutes *Mast*. Dass Vegetarier und Veganer anders als Fleischfresser Haltung zeigen, wenn sie nichts von Lebewesen mit Augen verdauen, wird mit höhnischem Blick auf grüne Sexsymbole wie Gurken, Möhren und Pfirsiche ignoriert. Damit bewegen wir uns mitten im Machomilieu. Der Spott auf die Salatisten wird gespeist von blutigen Kraftprotzfantasien. Die Welt ist ein Schlachthof.

Anders sieht es aus mit seriöser politischer Kritik am Vegetarismus und Veganismus. Kürzlich saß ich mit dem Berliner Satiriker Wiglaf Droste im Vorhof der Altstadtkneipe *Brunnenwirt* bei Sauerbraten mit Spätzle und Salat (!) und klagte ihm mein Leid über die schwindenden Kräfte überzeugter Vegan-Aktivisten im Kampf gegen die Nazis. Mit zweiundvierzig Kilo Kampfgewicht und permanenten Kreislaufkollapsen könne man bei antifaschistischen Einsätzen leicht mal als zweiter Sieger vom Platz gehen, sagte ich. Unverzüglich setzte Herr Droste diese These in einen historischen Kontext und schickte mir schon anderntags ein Gedicht. Auszug:

> *Hitler vegetierte arisch*
> *lebte vulgo vegetarisch.*
> *Fleisch? Niemals, nicht einen Happs!*
> *Auch kein Bier und keinen Schnaps,*
> *und auch niemals Zigaretten,*
> *denn es galt, die Welt zu retten:*
> *Vor den Bolschewiken, Juden,*
> *allem Schönen, Wahren, Guden*
> *also vor den Großgenüssen.*
> *Deshalb schrieb der Mann »Mein Kampf«.*

Dialektisch klug forderte der revolutionäre Dichter »Kein Mampf!« und bessere Rezepte:

> *Fröhlich muht die Bio-Kuh:*
> *Macht doch mal McDonald's zu!*
> *Esst mich auf, von meinem Saft*
> *kriegt ihr Anti-Nazi-Kraft!*

Mit dieser Sicht der Dinge tut sich leichter, wer wie unsereins in der Jägersprache als »Fressgeneralist« bewertet wird: als eingefleischter Allesfresser (nicht zu verwechseln mit dem dämlichen Vielfraß). Als Fressgeneralist gelten neben mir das Schwein und der Fuchs. Anders als der Mensch verfügt der Fuchs über ausgeprägte Geruchs- und Geschmackssinne. Im Normalfall speist der Fuchs auf der Bio-Hühner-Farm. Bei Kentucky Fried Chicken verrichtet er seine Notdurft.

Von der Disziplin und Moral der Vegetarier und Vega- ner angetan, spiele ich inzwischen selber mit dem Ge- danken, mich im Lager der Soja-Krieger durchzubeißen. Die erste Etappe des Entzugs habe ich bereits geschafft. Neulich war ich wieder zum Speisen im Brunnenwirt. Die Tageskarte bot Rindersteak und Schinkennudeln. »Heute bitte mal kein Steak«, sagte ich zum Wirt. »Heute lieber die Schinkennudeln.« »Recht so, Junge«, sagte der Wirt. »Man muss nicht jeden Tag Fleisch essen.«

Oben ist die Liebe

Es war im Herbst 2011, als zwei junge Herren zu mir kamen mit der sonderbaren Bitte, ich solle für sie in die *Zukunft* und von dort in die Gegenwart schauen. Damals war ich schon seit fast vierzig Jahren als Zeitungsmensch tätig, und seltsamerweise hatten die beiden jungen Herren vor, sich ebenfalls in diesem Gewerbe durchzuschlagen.

Ich wies sie darauf hin, dass Zeitungsschreiber heute kaum mehr Überlebenschancen hätten als Pferdekutscher, Elefantenjäger oder FDP-Politiker. Diese Einschätzung gelte für Zeitungsschreiber selbst dann, wenn sie glaubten, sie könnten sich die Zukunft unterwerfen. Diesem Irrtum seien schon andere Größenwahnsinnige aufgesessen, vorzugsweise in Stuttgart, wo es besonders schwierig sei, als Zwerge hinter den Hügeln in die Ferne zu schauen. Nicht umsonst hat man in der Stuttgarter Altstadt, wo früher die guten Jungs und die bösen Mädels ihr Unwesen trieben, nicht nur einen Bierbauch als »Kessel« bezeichnet, sondern auch den Knast. In Stuttgart scheint der Kessel negativ besetzt zu sein, ausgerechnet in einer Stadt, die nichts Besseres zu bieten hat als ihre famose Kessellage. Jeder Zeitungsschreiber, sagte ich den jungen Herren, müsse zuerst die Ränder des Kessels riechen, bevor er das Wort Stuttgart in seinen Computer tippe.

Die jungen Herren, die sich im Glauben an mich gewandt hatten, jeder dahergelaufene Lokalredakteur könne Science-Fiction schreiben, wenn man es ihm nur befehle, hatten die Idee, ich solle mich im Jahr 2046, also einhundert Jahre nach der Gründung der *Stuttgarter Nachrichten*, auf einen Hügel über der Stadt setzen und in die Vergangenheit blicken.

Mein Hinweis, 2046 würde ich in der Hölle schmoren,

weil Gott weiß, dass ich die Sauna im Bad Berg liebe, oder auf dem Degerlocher Waldfriedhof die Grashalme von unten zähle, weil ich zu oft bei den Stuttgarter Kickers herumgelungert sei, schreckte die Herren nicht. Sie wollten an ihrer Idee vom futuristischen Rückwärtsschauen festhalten. Dabei hatte ich nicht die geringste Lust, mich als verwirrter Fantasy-Trottel durch die Gegend beamen zu lassen, um irgendwann kopfüber in den Scherben dackelhafter »Zeitfenster« zu landen.

Zum Glück kam im Jahr 2011 dieser Weltwunderherbst in die Stadt, ein Wetter, das einem am Morgen den Winter und am Mittag den Sommer versprach. Ich setzte mir meinen vanillefarbenen Stetson-Panama auf den Kopf, stieg zum Weißenburgpark mit seinem historischen Teehaus hinauf und schaute in die Tiefe. Leider ahnen die meisten Zukunftsfetischisten, dass sie viel über die Gegenwart und noch mehr über die Vergangenheit wissen müssen, um sich der Zukunft zu nähern. Vermutlich war es nicht im Jahr 2046, als ich vom Weißenburgpark in den Kessel schaute. Allerdings fiel mir auf, dass wohl auch 101 Jahre nach dem Zweiten Weltkrieg nur eine Atombombe dieses Himmelsgeschenk vernichten könnte, das Stuttgart-Wunder namens Topografie.

Man kann mit Autobahnen eine Stadt tranchieren, man kann Bahnhöfe samt Gleisen und Menschen beerdigen, man kann Würfelspiele als architektonische Geistesblitze verkaufen. Man kann sich das billigste Rechteck als Quadratur des Kreises zurechtlügen, wenn diese Art von Bauen den Investoren dient. Aber den Kessel, den kann man nicht verbiegen, so viele Dellen er auch abbekommen hat, selbst nach dem Krieg.

Wenn ein altgedienter Zeitungsfritze hinunterschaut vom Hügel in die Stadt und in die Vergangenheit, denkt er zwangsläufig an Blei. Das Blei-Handwerk wurde ja nicht nur erfunden, um mit Kanonen Menschen umzubringen. Als ich 1976 zu den *Stuttgarter Nachrichten* kam, haben die Verlage gerade Setzmaschinen und Blei im Firmengebäude an der Räpplenstraße abgeschafft und aberwitzig große Computeranlagen im neuen Haus in Möhringen aufbauen lassen. 2046 glaubt keiner mehr, dass man tonnenweise Elektronik anschleppen musste, um nur einen Bruchteil dessen herzustellen, was heute ein Taschentelefon leistet.

Hätte ich schon in den Siebzigern im Weißenburgpark einen Computer aus der Jackentasche ziehen und darauf herumtrommeln können – wäre dann meine Sichtweise heute anderes? Nein, es hing nie von der Technik ab, ob einer begreift, wo er ist und wie er lebt. Und sollte 2046 einer vor dem Teehaus hinunter auf die Stadt schauen, ohne eine Gänsehaut zu bekommen, dann wohl deshalb, weil andere vor ihm das Kesselwunder missachtet und die Landschaft zerstört haben.

Die Idee, einem Menschen Stadtansichten aus der Zukunft abzuverlangen, ist eine Sache, die nur in der Nachpubertät erlaubt ist. Da darf man noch glauben, man könne große Sprünge machen in einer Stadt, die einen dauernd zum Treppensteigen zwingt. Sofern man sich nicht wie ein Politiker sein Weltbild in Sitzungszimmern, Fernsehstudios und Tiefgaragen zusammenpuzzelt und nicht weiß, dass es in dieser Stadt gutes Mineralwasser und einen Fluss namens Neckar gibt.

Wie gesagt, ich saß oben im Weißenburgpark, es war zwölf Uhr mittags oder im Jahr 2046, das ist mir wurscht. Aber ich weiß noch, dass ich mich erinnert habe, wie ich einmal einen Aufsatz darüber schreiben musste, warum ich Stuttgart liebe. Um diese Frage zu klären, habe ich mich in die Zacke gesetzt, in jene Zahnradbahn, die geistig tiefergelegte Politiker in den achtziger Jahren des 20. Jahrhunderts ernsthaft im Erdreich verbuddeln wollten. Ich bin wieder einmal hinaufgefahren auf die Wielandshöhe, zum Wirtshaus des Kochs, Musikers und Schriftstellers Vincent Klink. Der Koch ist ein Zugezogener wie ich, und trotz aller Ungezogenheit im fremden Nest haben sich die Leute doch immer darauf geeinigt: Wenn man hinabschaut ins Tal, dann spürt man dieses Ziehen im Herzen und im Schritt, das man Liebe nennt. Und dieses Oben-unten-Verhältnis, diese Berg-und-Tal-Beziehung, ist – anders als in der Politik – eine zeitlose Angelegenheit.

Wenn heute Zweitausendsechsundvierzig wäre, dann wäre mir das womöglich scheißegal. Es gibt Dinge, die ändern sich nicht, auch nicht, wenn Spekulanten glauben, sie könnten sich die Welt nach ihrem Gusto zurechtzementieren. Mit der Beton-Politik versetzt man Bahnhöfe, aber (noch) keine Hügel.

Früher war nichts besser, das kann ich mit gutem Gewissen behaupten. Früher hat es nur mehr Leute gegeben, die ihre Augen aufgemacht und gemerkt haben, worauf es ankommt. »Glückliches Stuttgart«, hat Hölderlin geschrieben, »nimm freundlich den Fremdling mir auf!« Daran halten sich viele Stuttgarter Bürger bis heute. Im Kessel herrscht eine andere Haltung, als mancher Fremdling denkt.

Unter Elfen

Im Frühjahr 2010, einige Zeit vor dem isländischen Vulkanausbruch, bekam ich eine Mail von Frau Dara Profeta aus Heslach. Knapp und freundlich befahl sie mir mit der Betreff-Zeile »Einsamer Reiter«, ich solle so schnell wie möglich *die Elfen* rufen: »Sie wissen doch«, teilte mir die unbekannte Dame mit, »damals in Reykjavik hatten die Städtebauer überhaupt keine Chance gegen die Elfen.«

Nichts wusste ich. Gar nichts. Ein einziges Mal nur in meinem Leben war ich in Reykjavik gewesen, Anfang der Achtziger, als mich eine Billigreise nach New York per Zug nach Mannheim und per Bus nach Luxemburg zu einer Zwischenlandung in Reykjavik zwang. Kaum angekommen, entdeckte ich auf dem Flugplatz eine Kneipe mit der verlockendsten Aussicht aller Zeiten: »Dies ist die einzige Bar der Welt, wo es echtes Polar-Bier gibt.«

Blitzartig setzte ich mich an die Theke, um bald festzustellen, dass auch das sechste, siebte und zwölfte Bier wie das einzige Polar-Bier der Welt schmeckte. Es war so gut, dass ich auch den sechsten oder siebten Aufruf nicht hörte, Mister Bauer, das Landei aus dem Stuttgarter Westen, möge gefälligst seinen Arsch zum Flugzeug bewegen.

Irgendwann, ich trank noch Polar-Bier, kamen mehrere Flughafenmänner, bugsierten mich in einen Ford-Kombi und fuhren mich zur Rollbahn. Als ich im Flugzeug zu meinem Platz ging wie ein Mann, gewohnt, zur See zu fahren, begrüßten mich alle Passagiere mit großem Hallo. Seltsamerweise aber wollte im Flugzeug keiner wissen, ob mir das einzige Polar-Bier der Welt geschmeckt habe. Meine Reisegefährten hießen mich in allen Sprachen der Welt einen deutschen Penner und ein Riesenarschloch.

Ich hätte Schuld, hieß es, wenn das Flugzeug zu spät New York erreiche. Ich zuckte mit den Schultern. Damals reiste ich mit der Haltung, es spiele keine Rolle, zu welchen Zeitpunkt ein Mann in Amerika eintrifft. Columbus, Buffalo Bill, George W. Bush und andere einsame Reiter hatten das Meiste sowieso schon erledigt.

Seit dem Tag, an dem ich Post von Frau Profeta aus Heslach erhielt, bin ich mir sicher, dass es Elfen waren, die mich aus der Polar-Bar ins Flugzeug schleppten. Auch wenn man es Elfen nicht ansieht, ob sie Elfen sind. Keiner weiß, ob Elfen heterosexuell, schwul oder beides sind. Kenner behaupten, Elfen hätten blonde Haare, große Ohren und lange Beine, und mancher einsame Reiter ist auf der Suche nach einer Elfe bei langen Beinen und großen Ohren gelandet und hat zu spät bemerkt, dass es ein blonder Polar-Bär war. Heute, da ich alt und erfahren bin, wüsste ich alles über Elfen – hätte ich nicht in einer Bar von Reykjavík das Polar-Bier entdeckt. Nach diesem Vorfall konnte ich mich in Island nicht mehr blicken lassen. Heute weiß ich, dass auch Frau Profeta eine Elfe ist. Wenn es in Stuttgart Elfen gibt, dann in Heslach. Der Rest der Stadt ist voller Hexen. Frau P. hatte mich ja nicht wachgerüttelt, um etwas über meine internationalen Tresen-Abstürze zu erfahren. Sie wollte mir sagen: Hör mal zu, einsamer Reiter, keiner würde es wagen, unsere Stadt zu zerstören, hättest du die Elfen befragt.

Die Sache wäre ganz einfach gewesen. Bücher und Internet sind voll mit Geschichten über eine isländische Superelfe namens Erla Stefánsdóttir. In den neunziger Jahren porträtierte sie der deutsche Aktionskünstler Wolfgang Müller in der *Frankfurter Rundschau* als »Elfenbeauftragte« und machte sie damit berühmt. Im Auftrag des isländischen Bauamts spürte sie damals heilige Orte auf, Plätze, an denen Elfen leben. Sie gab der Regierung Anweisungen, welche Orte man auf keinen Fall bebauen dürfe, wolle man nicht die Rache der Elfen heraufbeschwören.

Ich bat einen Bekannten um Recherchehilfe. Seit vielen Jahren regelmäßig in Reykjavik unterwegs, bestätigte er mir unverzüglich: In Reykjavik leben Elfen. Sie sind unsichtbar, hinterlassen aber überall ihre Zeichen, sogenannte Spuren der Ordnung – man findet sie am Boden, im Fels und sogar am Tresen einer Polar-Bar.

Mein Bekannter ist ein Eingeweihter. Er berichtete mir, der Isländer benutzte aus Gründen der Hygiene nie ein Taschentuch. Er halte sich mit dem Daumen ein Nasenloch zu und rotze durch das freie Loch sauber und gezielt zu Boden. Bei uns kennt man dieses Verhalten von VfB-Spielern. Leider aber befragt bei uns keiner die Elfen, bevor er Löcher gräbt und die Stadt zerstört. Bei uns überlässt man alles den Rotznasen aus der Politik und von der Bank.

Reisen ist geil

Heute erzähle ich Ihnen, warum ich Reisen hasse. Neulich stiefelte ich hinauf zur Burg Teck, schaute ins weite Land und in den klaren Himmel, und da fiel es mir wieder ein. Im April 2010, als Islands Vulkanasche die Welt verdunkelte, fuhr ich im Zug von Essen nach Stuttgart. Ich blätterte in der Sonntagszeitung, sah die Katastrophen-Schlagzeilen und grinste mir einen bei dem Gedanken an das Chaos auf den Flughäfen. Dann las ich diese Meldung: »Mit knapp 300 km/h war der ICE 105 Ravensburg gestern Morgen auf dem Weg nach Stuttgart, als plötzlich eine Tür aus der Verankerung riss. Es gab einen ohrenbetäubenden Knall, dann blieb der Zug im Tunnel stehen. Die Tür krachte in den entgegenkommenden ICE München-Dortmund. Vier Fahrgäste wurden durch Glassplitter verletzt.«

Am Bahnhof angekommen, fühlte ich mich mal wieder bestätigt: Reisen ist das Letzte, und es ist mir wurscht, ob Sie mich für eine Sofakartoffel oder einen Feigling halten. Feigling ließe ich sowieso nicht gelten, weil die Pharmaindustrie heute über genügend Produkte verfügt, um jedermann angstfrei ins Herz des Vulkans oder ins Auge des Hurrikans zu jagen.

Zu meiner Lieblingslektüre der erweiterten Tourismus-Literatur gehört eine Geschichte des amerikanischen Schriftstellers T.C. Boyle. Sie heißt »Guten Flug« und beginnt so: »Als das Triebwerk unter der rechten Tragfläche auf einmal ein dünnes Fähnchen schmierigen schwarzen Rauchs nach sich zog, spähte Ellen durch das zerkratzte Plexiglasfenster auf die bauschigen Wölkchen, die sich über und hinter ihr türmten, und wusste, dass sie sterben würde.«

Die Gewissheit, auf Reisen den Löffel abzugeben, wäre für mich oft genug eine Gnade. Reisen abseits der unerschwinglichen Herrenklassen bedeutet Horror. Viele Reisen haben mit Reisen nichts zu tun. In Wahrheit geht es um eine Ortsveränderung, und in diesem Fall ist die bürokratische Floskel berechtigt: Man wechselt den Standort. Sonst nichts. Morgens noch Kirchheim unter Teck, mittags schon Gran Canaria. Diese Art Mobilität erfüllt nicht annähernd die Leidenschaft des wahren Unterwegsseins. Die Lektüre von Münchhausens Ritt auf der Kanonenkugel wäre entschieden erregender.

Richtiges Reisen, sich bewusst von A nach B zu bewegen, spielt sich so ab: »Die sagenhafteste Mitfahrgelegenheit meines Lebens sollte noch kommen, ein Lastwagen mit flacher Pritsche hinten, darauf sechs, sieben Jungen ausgestreckt, und die Fahrer, zwei junge blonde Farmer aus Minnesota, sammelten jede Menschenseele auf, die sie am Straßenrand fanden – die zwei lustigsten, fröhlichsten, nett aussehendsten Holzköpfe, die zu treffen man sich wünschen konnte . . . Ich rannte hin und sagte: ›Ist noch Platz?‹ Sie sagten: ›Klar, spring auf, is' Platz genug für alle.‹«

Diese Zeilen stammen aus Jack Kerouacs Klassiker »Unterwegs«. Das Buch ist nur etwas mehr als ein halbes Jahrhundert alt und seine Botschaft so aktuell wie Huckleberry Finns Floßfahrt auf dem Mississippi. Auf Reisen zu gehen kann nicht heißen, eine Hotelbude dem heimischen Schlafzimmer vorzuziehen. Reisen heißt suchen. Dahinter schlummert die ewig erotische Sehnsucht nach dem Unbekannten. Das gilt für die Flucht der Bremer Stadtmusikanten wie für Goethes Kutschfahrten und Kerouacs Tramper-Touren.

Der Bangkok- und Kenia-Tourist pocht bei seinen All-inclusive-Abstürzen nicht nur auf das Recht, die Tapeten seines Kegelklubs zu wechseln. Er legitimiert seinen Umzugstrieb mit den internationalen Pflichten und kulturellen Ansprüchen des vernetzten Weltbürgers. Dabei brächte ihn jeder Dokumentarfilm auf 3sat seinem Ziel mental näher als die miese Hippie-Nummer, ohne Sprachkenntnisse in den Fluren fremder Leute herumzutrampeln.

Ich bin Reisemuffel, und es liegt mir näher, auf den Touristen zu schimpfen, als mich mit der läppischen Ausrede zu bedienen, ich hasste Kofferpacken. Kofferpacken ist sowieso für die Katz. Nicht erst einmal bin ich im Hotel einer Stadt mit einer Plastiktüte als einzigem Gepäckstück angekommen. In der Pennertüte befand sich neben einem weißen T-Shirt in Nachthemdgröße eine Zahnbürste mit angeklebter Zweitagescreme und die heiße Luft der nichtsnutzigen Fluggesellschaft. Mein Koffer hatte es mal wieder nicht aufs Laufband des Flughafens geschafft.

In solchen Momenten fällt mir der Komiker Loriot ein: Was willst du in Rio de Janeiro, hat er sinngemäß gesagt, solange du deine eigene Stadt nicht kennst? Rücksichtslos belästigt der Tourist die braven Leute fremder Länder mit einem Benehmen, das ihm zu Hause spätestens beim Verlassen seiner Schenke vierundzwanzig Stunden Knast einbrächte. Und am New Yorker Times Square geht es heute nicht anders zu als auf dem Cannstatter Volksfest. Bayerische Dirndl, so weit das Auge reicht. New York erwähne ich, weil ich die Stadt gelegentlich mit dem heuchlerischen Argument des Reisemuffels heimsuche, dort fände ich den Globus auf einem Fleck und könne deshalb den Rest der Welt mit meiner Touri-Trampelei verschonen.

Die eingangs erwähnte Ellen aus T.C. Boyles Geschichte springt auf ihrem Flug nach New York dem Tod unglückseligerweise doch noch von der Schippe. In Los Angeles gestartet, landet sie mit acht Stunden Verspätung auf dem Kennedy-Airport und begreift, warum Reisen etwas für Barbaren ist. Zuvor hat sie einige Notlandungen ertragen und aus Notwehr das Gesicht eines durchgeknallten Passagiers mit der Gabel zerfleischen müssen.

Endlich am Boden, stellt sie sich vor, wie ihre Mutter sie gleich umarmen und sie fragen wird: »Hattest du einen guten Flug?«

Reisen ist geil.

Nordflügel

Ich habe einen guten Platz gefunden an diesem bewölkten Augustmorgen, der aussieht, als sei der Tag noch nicht gelaufen. Es ist elf Uhr. Mit meinem kleinen Computer sitze ich vor dem rot verputzten *Café Luxem* an der Gerokstraße, Blick auf ein Fachwerkhaus mit spitzem Turm. Linker Hand auf dem Hügel die Villa Hauff, älter als der Hauptbahnhof. Gerade biegt der 42er-Bus um die Ecke. Ich bin mit der Bahn gekommen, Linie 15 Richtung Fernsehturm. Heute schreibe ich meine Kolumne im Freien und denke: Eines Tages werden sie dich fragen, wo du gewesen bist. Dann hast du es schwarz auf weiß.

Neulich bin ich schon einmal an der Haltestelle Heidehofstraße ausgestiegen und den Alfred-Lörcher-Weg hinauf zur Villa spaziert, ziellos, immer durchs Grün. Irgendwann landet man auf der Uhlandshöhe vor der Sternwarte, und man schaut hinunter auf die Stadt. Zu den Sternen blicke ich schon lange nicht mehr. Auch die Sterne lügen.

Es war ein schöner Spaziergang, doch habe ich danach vergessen, über meine Tour zu berichten. Inzwischen habe ich das Notizbuch mit meinen Reisenotizen verloren, ich erinnere mich nur, wie mir beim Abstieg der Baron begegnet ist. Früher, als Liebesaffären in der Stadt erregender waren als heute, hatte der Baron internationalen Ärger mit seiner Frau. Aber das geht keinen was an. Selbst wenn ich mein Notizbuch noch hätte, würde ich die Geschichte nicht erzählen. Der Baron vertraut mir, und große Betrügerinnen und schleimige Banker gab es schon früher.

Das amerikanische Frühstück im Café ist gut. Eine Wespe greift meinen Marmeladentopf an, stört aber nur bedingt. Sie ist mir lieber als der Mann, der an der Bushaltestelle mit dem Pressluftbohrer hantiert. Es scheint keinen Ort mehr in der Stadt zu geben, wo nicht heiße Luft und Bohrmaschinen die Dinge regeln.

Man findet keine Atempause. Heute, an diesem schwülen und wolkigen 25. August 2010, sitzen die Leute beim Mittagessen an der Gerokstraße, als man mir vom Bahnhof via SMS meldet: Angriff auf den Nordflügel.

Das Café ist neben der Heidehof-Buchhandlung, es eröffnet keine besondere Aussicht. Ich hatte diese Position gewählt in der Hoffnung, es könnte mit mir aufwärts gehen, vielleicht zur Uhlandshöhe oder zur Waldau, weit weg vom Schlachtfeld der Stadt.

Ich hatte mich getäuscht, packe den Computer ein, fahre zum Bahnhof. Als ich ankomme, haben die Zähne des Baggers bereits ein Loch in den Nordflügel gerissen. Der Bagger speit Wasser, damit Beton nicht brennt, und man weiß nicht einmal, wem das Wasser gehört, nach all den Cross-Border-Leasing-Schweinereien im Rathaus.

Schon nach kurzer Zeit sieht der Nordflügel aus wie nach Raketenbeschuss. Demonstranten rufen »Aufhören«. Man kann sehen, was der Propaganda-Mister Drexler gemeint hat, als er vom »Rückbau« gesprochen hat. Das ist brutaler Abriss. Zertrümmerung der Geschichte. Man muss nicht besonders sensibel sein, um die Zerstörung im Magen zu spüren.

Und keiner muss ein Regisseur sein, um die Symbolik der Bilder am Bahnhof zu erkennen: Aus den Fenstern der oberen Geschosse des Bankgebäudes, diesem gesichtslosen Betonklotz der Gegenwart, halten Typen mit Video-Kameras die barbarische Amputation am Bonatz-Bau fest. Wir befinden uns auf dem Kurt-Georg-Kiesinger-Platz, gegenüber das Geschäftsgebäude, man hat es Hitlers Wegbereiter gewidmet, es heißt im Sommer 2010 noch Hindenburgbau. Nicht jedes Kapitel Geschichte wird zertrümmert in der Stadt.

Der CDU-Stadtrat Wahl und sein ehemaliger Kollege

Kußmaul von der SPD, hatte ich am Morgen des 25. August 2010 in der Zeitung gelesen, loben 20 Cent für jeden aus, der Anti-Stuttgart-21-Kleber im Stadtbild entfernt. Die beiden Politiker nennen ihr Kopfgeld »Abkratzprämie«. Man müsste Abkratzprämien für Stadträte ausrufen, um auf diese schwarz-rote Koalition der Hochintelligenz hinzuweisen.

Im Schaufenster der Heidehof-Buchhandlung standen am Morgen Pferdebücher, vorsichtshalber hatte ich mir die Titel notiert: »Vier Beine für Christina«, »Das Feuerfohlen«, »136 Hufe zu viel«.

136 Hufe, schätze ich, haben mich am Nachmittag des 25. August 2010 am Stuttgarter Hauptbahnhof getreten. Es waren die Hufe der Gierigen und Skrupellosen, und ich hoffe, eines Tages wird der Teufel seine Abkratzprämie für die Richtigen kassieren.

Neues vom Frosch

Die Sonne stand tief, das Wasser dampfte in der eisigen Februarkälte, und es war ein Spaß, so zu tun, als sei Sommer. Man muss es nicht glauben, wenn die Leute sagen, das Wasser im Mineralbad Berg sei im Winter kälter als im Sommer. Die Sauna ist bei fünfunddreißig Grad im Schatten auch nicht heißer als bei fünfzehn Grad unter null. Alles eine Frage der Kleidung. Die Schwimm- und Saunarituale im Berg hinter mir, nahm ich meine Bademütze ab, setzte meinen Stetson auf, vielleicht auch umgekehrt, und ging zur Straßenbahn. Die Außenwände der Waggons waren mit Werbung der BW-Bank für Privatkredite zugepinselt: »Ohne Frosch-Küssen ans Ziel Ihrer Wünsche«.

Selten habe ich einen geistloseren Spruch gelesen, nie einen dümmeren. Wer eine Kröte küssen muss, um ans Ziel seiner Wünsche zu gelangen, braucht Zunge und Lippen wie Mick Jagger, ein bekannter Sänger, der nach Zeugenaussagen glaubwürdiger Damen eine Tuba verkehrt herum blasen kann.

Ans Ziel seiner Lebenswünsche schafft man es allein mit ein paar Zügen im Bad Berg. Manchmal schwimmen ein paar Enten im Freibecken, und am Ufer hoppeln ein paar wilde Hasen über den Rasen. Hie und da habe ich auch Froschmänner und Froschfrauen gesehen.

Jeder Knallfrosch kommt zu einem Privatkredit, ohne vorher einen Ochsenfrosch zu küssen. Was will uns die Präposition *ohne* sagen? »Ohne Frosch-Küssen ans Ziel Ihrer Wünsche«. »Ohne Pferde-Küsse ans Ziel Ihrer Albträume«. »Ohne Frosch-Küssen zum Orgasmus«.

Die BW-Bank-Reklame »Ohne Frosch-Küssen ans Ziel Ihrer Wünsche« entbehrt jeder Realität. Der gesunde

Mensch küsst lieber ein kaltes Froschmaul als eine feiste Bankerschnauze. Gut möglich, dass sich die Bank-Propaganda aus dem Laich der Werbebranche auf den ehemaligen Bundespräsidenten bezog. Mit Oettinger auf Partys herumhüpfend, küsste er so lange Froschaugen, bis er einen Kredit von der BW-Bank erhielt.

Es gibt 2600 Arten von Fröschen. Viele von ihnen sind Politiker geworden. Man erkennt sie leicht. Sie sind feucht und glitschig. Ihre Beute fangen sie mit ihrem großen Maul und ihrer langen Zunge. Diese Jagdmethode umschreibt man mit den Phrasen »Wähler abholen« und »Bürger mitnehmen«. Das Ganze heißt Kommunikation.

Da der Politiker-Frosch immer sehr gierig ist und sich hauptsächlich von Fliegen ernährt, macht er gern aus jeder Mücke einen Elefanten. Was am Ende hinten heraus kommt, nennt sich Fliegenschiss.

Viele unserer Frösche sind von Natur aus bräunlich oder grün. Die braunen Frösche in Deutschland haben Tradition, die grünen stammen aus der jüngeren Produktion. Der berühmteste und erfolgreichste Frosch bei uns ist der Laubfrosch. Der Laubfrosch sitzt in vielen Parlamenten und ist besonders leicht im baden-württembergischen Landtag auszumachen. Er ist knallgrün und trägt laut Froschlexikon »auf jeder Seite seines Körpers einen großen schwarzen Streifen«.

Weil mit superlangen Hinter- und Vorderbeinen ausgestattet (meist als Folge der langgezogenen Hammelbeine), gelingen dem Frosch gelegentlich große Sprünge. Unsere Grünfrösche schafften es relativ schnell die Gut-Wetter-Leiter hinauf. Seitdem hüpfen sie ratlos mit aufgeblasenen Backen und schlaffen Froschschenkeln in den Sümpfen der Macht herum und passen auf, dass sie nicht platzen. Bei Regen quaken sie ihren Demokratie-Schmerz vor sich hin.

Es gibt auch anständige Frösche. Die benutzen ihr großes Maul und ihre lange Zunge, um im Entertainment Fuß zu fassen. Unkerich, der Kröte, und Hopps, dem

Frosch, gelangen der Durchbruch als Comic-Helden in Salamander-Schuhen. Weltberühmt wurde Kermit der Frosch als Boss der Fernsehserie »Muppets Show«. Er präsentierte liebenswerte Puppen wie Miss Piggy und Fozzie-Bär und lebende Superstars wie Charles Aznavour und Elton John. Polit-Frösche stricken lieber.

Im Nahverkehr mit Politikerfröschen ist äußerste Vorsicht geboten. Baden-Württembergs Grünfrösche beispielsweise beschäftigen seit einiger Zeit einen Froschkönig. Man erkennt ihn beim Reden an seinen Froschlauten. Vor seiner Wahl hatte die außerparlamentarische Opposition gewarnt: Küsst man den Kerl auf den Thron, droht wie im Märchen das Problem des biologischen Rückbaus. Allerdings verwandelt er sich nicht in einen Prinzen. Er wird zur Kaulquappe.

Auf dem Dorf

Ein Februartag, dreizehn Grad unter null. Ein Einheimischer fährt mich im Auto über die Landstraße zum Dorf meiner Wünsche. Als ich früher auf dem Dorf gewohnt habe, hätte kein Stoßdämpfer diese Straße überlebt. Jedes Mal, wenn Politiker aus der Stadt in den Flecken kommen, meistens zum Weiberfasching, versprechen sie, die üble Rumpelstrecke reparieren zu lassen. Kaum aber sind die Kerle weg, haben sie alles vergessen.

Ich bin in einem Nest auf dem Land geboren und aufgewachsen. Heute hält sich meine Abneigung gegen das Landleben insofern in Grenzen, als sich die Vetternwirtschaft auf dem Dorf wegweisend in der Korruption in der Stadt spiegelt. Die Größenordnung unterscheidet sich, das Niveau nicht.

Ich habe in einem lustigen Dorf gewohnt. Anfang der siebziger Jahre ging die Gemeinde pleite. Ein junger Bürgermeister, im Mercedes unterwegs, hatte sie in die Zahlungsunfähigkeit geführt. Der Filou gab den großen Maxe und mehr Geld aus, als in der Kasse war. Dieser Stil hat sich später bei vielen Politikern durchgesetzt.

Die Dorfgeschichte mit dem Millionenloch im Gemeindesäckel habe ich nie vergessen. Ein leibhaftiger *Spiegel*-Reporter kam eigens in unser Nest, um zu recherchieren. Ich war gerade Zeitungsvolontär, erzählte dem Mann, was sowieso jeder wusste, und kassierte dafür ein Informationshonorar in Höhe meines halben Monatslohns. Der Artikel (mit zwei Fotos) entlarvte auf einer kompletten *Spiegel*-Seite die Zukunftsverheißungen unseres Dorfschultes als Luftblase und machte damit mein Heimatdorf über Nacht berühmt. Der Reporter hieß Eberhard Hungerbühler, wenig später gelang ihm unter dem Pseudonym Felix Huby eine beachtliche Karriere als Krimi- und Fernsehautor.

Für das Finanzchaos, das der Rathauschef angerichtet hatte, büßte der Bürger damals exakt wie heute: Die Steuern und Gebühren stiegen.

Mein Plan, mich viele Jahre später den Dorfgeschichten zu Fuß zu nähern, brauchte ein paar Regeln. Ein richtiges Dorf darf nach meiner Vorstellung an keiner S-Bahn-Station liegen; sonst würde es sich von der nächsten Großstadt nicht mal durch die Mietpreise unterscheiden. Am besten, es gibt überhaupt keinen Bahnanschluss und auch keine Bundesstraße. Ferner muss es eine selbstständige Kommune sein, mit Gemeinderat und Grundschule.

Nach diesen Vorgaben ließ ich mich über besagten Highway to Hell kutschieren. An einem zugefrorenen kleinen Fluss stieg ich aus, ging eine Weile herum und war enttäuscht. Nicht nur das Wasser, das ganze Dorf war vereist. Als wäre die Zeit stehengeblieben, erzählte man mir die jüngste Geschichte von einem Schultes mit Hang zum Glamour. Es heißt, der Typ habe sämtliche Damen im Flecken vom Bauern- bis zum Schulhof beglückt. Was Wahres dran ist, lässt sich nur schwer ermitteln. Denn nicht anders als in der Großstadt prägt die Menschen auf dem Dorf der Neid. Schade ist, dass man die guten Anekdoten fast nur hinter vorgehaltener Hand austauschen kann. In vielen Dörfern gibt es kaum noch eine ordentliche Wirtschaft, die täglich geöffnet hat und heimische Märchenerzähler anzieht. Das Dorfwirtshaus stirbt aus wie die Eckkneipe in den Großstädten. Manche Gaststätten, einst blühende Orte ausschweifender Geselligkeit, stehen verlassen da wie in einer Geisterstadt. Oft gibt es nur noch eine Pizzeria. Und ein Bistro, wo die cool gekleidete Dorfjugend an Spielautomaten den zeitgenössischen Kapitalismus erlernt.

Wie alles im Leben lassen sich auch meine Beobachtungen nicht verallgemeinern. Doch nach alten und neuen Erfahrungen herrscht im ländlichen Leben eine traumatische Tristesse, meist »Idylle« genannt. Womöglich gäbe es für manchen Einheimischen nie die Chance, aus den Tiefen seiner Psycho-Schluchten zu flüchten, wären da nicht die Vereine. Sie sind wärmende Stätten kreativen Schaffens und damit, wir kennen das aus der großen Kunst, Schauplätze virtuos inszenierter Intrigen und Gemeinheiten. Haben der Bürgermeister und der Bauunternehmer erst einmal ihre Blutsbrüderschaft aus Kindergartenzeiten im Sport- oder Schützenverein erneuert, steht dem Um- und Ausbau ihres Heimatdorfs nichts mehr im Weg. Die Nachwelt wird die Handschrift ihrer vormaligen Zukunftsplaner bis in alle Ewigkeit an der unsterblich hässlichen Architektur der »modernen« Leichenhalle erkennen.

Als ich jüngst die Dorflandschaften genießen durfte, war Fasching. In jedem Flecken hingen die Fähnchen und Fetzen des Narrenbaums, Signale zum Sturm aufs Rathaus. In einem Rathaus-Schaukasten las ich den Aufruf an die Bevölkerung, ihre Anträge zur Ausstellung von Jagdscheinen einzureichen. Jagen und Schießen scheinen bei vielen Dörflern genetisch verankert zu sein; eine Leidenschaft, die bekanntlich auch die Vorderlader-Erotik des grünen Ministerpräsidenten in der Landeshauptstadt prägt.

Damit sind wir bei der Liebe auf dem Dorf. Da scheint die früher oft bösartig unterstellte Inzucht liberalem Sex gewichen zu sein. Jedenfalls tun sich in kleinen Ortschaften und Weilern respektable Abgründe auf, und daran hat nicht immer der Gärtner Schuld, zumal der Pfarrer heute weit mehr herumkommt als früher, wo er nicht so viele Gemeindeglieder gleichzeitig betreuen musste.

Als Herzstück des Dorfs gilt trotz angestrebter Industrieansiedlung nach wie vor die Landwirtschaft: modern und politisch korrekt geführt, seit der junge Öko-Bauer nicht mehr den Konflikt mit der Atomlobby scheut. Zu Ohren kam mir, wie sich Gemeinderäte öffentlich dem Protest der Atomlobby gegen die Bio-Mafia im Nachwuchsbereich herumschlagen mussten. Die Erzieherinnen hatten ohne Volksabstimmung gezuckerte Nahrung im Kindergarten verboten. Das war das Ende von Sugar Baby.

Angesichts dieser ökologischen Entwicklung und der Globalisierung dauerte es lange, ehe ich an einer öffentlichen Straße vor einem Bauernhof den letzten echten, nicht für Touristen aufgestellten Misthaufen entdeckte. Der Misthaufen ist für mich bis heute das romantisch-aromatische Wahrzeichen des Dorfs an sich. Auch wenn der dazugehörige Gockel nur noch schwer gedopt im Käfig der ausgesiedelten *Chicken Farm* kräht.

Gott würfelt mit

Wie kaum eine andere Weltstadt zwischen Hängen und Würgen hat sich Stuttgart als globales Dorf herausgeputzt. Ein Blick in den Vorgarten unseres Bahnhof-Torsos genügt. Es ist Sonntag, im Biergarten neben der Blechbude der Grundwasser-Manager spielen *Die Kirchberger*, und wie immer, wenn ich auf eine gute Tanzkapelle treffe, singt sie unverzüglich »Mendocino«. Merkwürdigerweise sind um mich herum einige sehr junge Menschen in der Lage, »Mendocino« auf Deutsch mitzusingen, und ich frage mich, welche grüne Kindergärtnerin da unseren heimischen Gangsta-Rappern den Respekt verweigert hat.

Vor der Bühne des Biergartens tanzen sie Foxtrott. Einige Damen haben ihren Körper in diese bayerischen Sadomaso-Rüstungen für Böblinger Blondinen gezwängt. Sie sind Botinnen des schwäbischen Volksfestes auf dem Cannstatter Wasen. Hätte je eine Frau mit mir Foxtrott im Trachten-Dirndl getanzt, wäre mein Leben aufregender verlaufen. Ich säße heute im Knast von Stammheim.

Wer vom Bahnhof Richtung Norden geht, gelangt über die Steinwüste hinter der BW-Bank an einen wundersamen Ort. Es ist das Nichts. Bescheiden haben ihn die Rathaus-Herrschaften *Mailänder Platz* getauft. Auf dem Gelände steht die neue Stadtbibliothek, an der Frontseite als *Library* ausgewiesen, und sie steht herum wie eine Raumstation in der Leere. Der Volksmund hat das Gebäude Bücher-Knast getauft. Wir sehen einen monumentalen Würfel. Der Würfel an sich ist das Symbol für das neue Stuttgart. Willkommen in der Zocker-Hauptstadt Deutschlands.

Das Innenleben des literarischen Hochsicherheitstrakts

wurde museumshaft pompös und klosterhaft ausschweifend gestaltet. Leider haben davon das krankenhausreife Café und der leichenhallenähnliche Veranstaltungsraum nichts abgekriegt. Die Lesebühne mit ihrer Blechcontainer-Aura im Untergeschoss ist im Prospekt mit internationalem Feeling als Showroom ausgewiesen. Unter einem Showroom versteht man weltweit Räume, in denen Firmen Autos, Waschmaschinen und Heizdecken verscherbeln.

Dank der guten Aussicht aus der Bibliothek lässt sich der komplette Ideenreichtum heimischer Baukunst überblicken, das Stuttgarter Spannungsfeld zwischen Genie und Wahnsinn: Auf dem Schlossplatz steht ein Kubus. Hinter dem Bahnhof ein Würfel. Man spricht von der Verweigerung von Architektur.

Bei der Bücherei wurde die äußere Ideenlosigkeit mit temoprärem Licht-Design kaschiert. Die Farbe der elektrischen Beleuchtung führt uns in die Zukunft von Stuttgart 21. Die Zukunft heißt Blaulicht. Beim Bau der neuen Stadtbücherei hat Rücksicht auf die Topografie des Kessels keinerlei Rolle gespielt. Auch nicht auf die Umgebung. Es gibt keine Umgebung. Darauf kommt es nicht an. Stadtplanung in Stuttgart entsteht am Spieltisch. Um einen mondänen Glanz des Quartiers zu simulieren und provinzielle Flurnamen in der schwäbischen Dirndl-Filiale zu verhindern, wurden Plätze und Straßen nach europäischen Metropolen benannt. So entsteht Provinz.

Entsprechend fantasiereich, dem Stadtrat-Niveau angemessen, klingt die Bezeichnung *Stadtbibliothek am Mailänder Platz*. Diese Aufgeblasenheit ließe sich unter dem Dirigat von Stuttgarts schwarzem Propaganda-Pfaffen Bräuchle jederzeit mit der Hymne der Immobilien-Händler feiern:

This land is your land / this land is – mai land...

Verzeihung, dieser Kalauer ist mir rausgerutscht. Kommt vor in einer Stadt, in der ein österreichischer Investor unter dem Beifall des Gemeinderats sein Neubauviertel auf dem Millionenhügel Killesberg *Think K* getauft hat: Denke K! Der weltmännische Teil der Bevölkerung nennt es *Think Ke-i* (englisch: K = kei), die heimatverbundene Mehrheit *Think Ka* (deutsch: K = ka). Wie die Leute den Kacknamen von Stuttgarts neuer Topadresse am Ende aussprechen werden, liegt seit Oettingers englischer Brandrede auf der Hand bzw. auf der Zunge: *Sinki* und *Sinka*. Mich erinnert das an den Frankfurter Eintracht-Spieler Dieter Stinka. Den gab es wirklich.

Die Bibliothekslandschaft, mit den *Pariser Höfen* in der Nachbarschaft, haben Stuttgarts Weltenplaner als Hommage an unsere stabile Währung *Europaviertel* genannt. Ein Europa-Platz war in Stuttgart leider nicht mehr zu vergeben. Mit diesem Titel hatte man bereits ein anderes Jahrhundertprojekt geadelt: die städtebauliche Müllhalde im Zentrum des Fasanenhofs.

Es läge nahe, den Bücherplatz hinter dem Bahnhof nach einem Dichter oder Denker zu benennen, auch wenn Hegel und Schiller schon vergeben sind und die Nazis Heinrich Heine als Straßennamen getilgt haben. Heinrich-Heine-Straße hieß bis zu Hitlers Machtergreifung die heutige Richard-Wagner-Straße bei der Villa Reitzenstein. Die Götterdämmerung war den Nazis näher als das Wintermärchen. Ihre grün-roten Regierungsnachfolger stört das bis heute nicht.

Einige Menschen wären vermutlich glücklich, könnten sie über einen Stuttgarter *Loriot-Platz* oder einen *Vicco-von-Bülow-Boulevard* flanieren, zumal ihnen das Lachen in dieser Stadt vergangen ist. Loriot hat eine Stuttgarter Vergangenheit; bekanntlich hat er einige Jahre das Eberhard-Ludwigs-Gymnasium besucht. Doch war er ein deutschsprachiger Komiker und erfüllt nicht den Anspruch der global geschulten Bauherren von Stuttgart 21 und ihrer italienischen Freunde.

Als auf dem S-21-Gelände immer noch etwas offen war, musste man auch dem Einkaufskomplex ECE einen Namen geben. Dafür schrieb die Stadt einen sogenannten

Ideenwettbewerb aus und wählte, unter der Beihilfe des Kreativ-Tanks OB Schuster, eine einzigartige Wortschöpfung: MILANEO. Diese dämliche Bezeichnung soll auf südliches Flair hinweisen, offenbart in Wahrheit aber das Krankheitsbild provinzieller Großkotzigkeit. Milaneo ist die Stuttgarter Lifestyle-Version des Mendocino-Geplärrs im Biergarten, und sie sagt uns etwas: Jeder arme Hund ist läufig. Stuttgarts Politiker sind weltläufig. Den Anspruch auf Welteroberung hatte der Oberbürgermeister ja schon 2003 formuliert, als er die Stuttgarter Olympia-Bewerbung für 2012 mit dem legendären Satz krönte: »Moskau, Paris, London, New York – wir kommen!« Scheiße, sagte ich, jetzt zettelt er den Dritten Weltkrieg an.

Wenn wir heute bei gutem Wetter auf das Bibliotheksdach steigen und Mailänder Latte schlürfen, erblicken wir zwanzig Minuten schneller als bisher Ulm. Danach gehen wir zum Biergarten in den abgeholzten und umgepflügten Schlossgarten und tanzen mit den Kirchbergern den Kriminal-Tango. Erst aber, das habe ich auf dem Programmzettel gelesen, macht dort die Tanzkapelle *Indian Summer* »Cowboymusik«. Spätestens dann muss Stuttgarts mondäner Park mit Blick über das Armenviertel Europa hinaus umgetauft werden. Er heißt dann Death Valley.

Es kann nichts schiefgehen, was unsere Zukunft angeht. Der Spezial-Demokrat Schmiedel, diese Ludwigsburger Ein-Mann-Version der bayerischen Niedertrachtenkapelle, hat die Wahrheit ja bereits im Trancezustand verkündet: »Über Stuttgart 21 ruht Gottes Segen.« Nach diesen spirituell getränkten Worten dürfte klar sein, wie die neue Welthauptstadt Stuttgardia entsteht: Der Herr im Himmel würfelt mit.

Im Zirkus

Als Fumagalli und Daris Huesca in den Ring stiegen und sich gegenseitig auf die Birne schlugen, war Heiligabend in der Stadt. Heiliger geht nicht, mehr Wunder gibt es nicht.

Weihnachten ist in Stuttgart, wenn der Weltweihnachtscircus auf dem Wasen spielt und die Boxer die Handschuhe an den Füßen tragen. Bei der Premiere war es kalt und nass in der Stadt, und im Neckar spiegelten sich die Sterne. Glauben Sie wirklich, ich hätte nachgeschaut, ob sich im Neckar Sterne spiegeln? Der Himmel war schwarz und unsichtbar, wie ihn Gott der Stadt zugewiesen hat, und ich habe mir ausgemalt, wie alles glitzert. Der Schnee und der Neckar im Mondlicht und die Zuckerwatte im Scheinwerferlicht.

Wer von der Neckarbrücke hinunterschaut auf das Zirkuszelt, begreift, warum das Leben mehr zu bieten hat als das, was wir Tatsachen nennen. Tatsache ist, dass die Zirkusshow mit einer Nummer beginnt, die nach menschlichem Ermessen gefährlicher ist als ein Flug zum Mond.

»Der Mond ist jetzt ein Ami«, hat *Bild* nach der ersten Landung geschrieben. Das war Boulevard-Poesie, weltpolitische Propaganda, nichts wert gegen diese Meldung des Jahres 2010: Acht Motorradfahrer rasen wie außerirdische Hornissen in einer aufgeschlitzten Stahlkugel herum, der Tod jagt sie in mörderischem Tempo, aber er kriegt sie nicht. Wie zum Spott nennen sich die Männer *The Globe of Death*. Die Todeskugel. Der Himmel schütze diese Rocker. Gottes Hells Angels.

Aus dem Weltweihnachtscircus könnte ich viel erzählen, von der Szene mit dem kleinen Hund, der aus dem Nichts in der Manege auftaucht, sich wie auf Ecstasy in ein Vertikalseil verbeißt und sich vermutlich fühlt, als umkreise er die Erde. Irgendein Zirkusgenie muss sehr lange die Tücke des Objekts studiert und das Objekt in einen Hund verwandelt haben. Mein Sitznachbar hat sich fast totgelacht.

Ich will aber nicht so viel verraten, ich würde die Weihnachtscircus-Überraschungen kaputt machen, sie sind so gewaltig, wie ich sie selten erlebt habe. Sie dürfen mir alles glauben, hochverehrtes Publikum. Im Weltweihnachtscircus lernt man alles über die Wahrheit. Warum Könner in der Manege mit viel zu langen Unterhosen würdevoller daherkommen als Pfeifen im Landtag in Maßanzügen.

Wem der Zirkus zu aufregend, zu halsbrecherisch erscheint, der sollte sich wenigstens einmal ins Vorzelt schleichen und einen Lungenzug nehmen. Seine Pupillen werden sich weiten, seine Nasenlöcher beben. Und es genügt ein glasiger Blick ins Programmheft, um den Rest zu verstehen: »Ein guter Clown«, heißt es da, »ist mehr als eine Figur, die Späße macht und sich spaßig gibt, aber gar nicht humorvoll ist.«

Etwas Ähnliches hat Tucholsky gesagt: Die meisten Witze haben mit Humor nichts zu tun. Humor, glaube ich, haben auch die Motorradmänner in der Eisenkugel. Sie nehmen ihr Leben und unsere Angst auf die Schippe und führen den Tod an der Nase herum.

Es gibt auch Tiere im Zirkus, sie sehen nicht aus, als hätte sie je einer am Nasenring herumgeführt. Ein Wüstenschiff verliert nicht einmal am Neckar seine Würde. Das unterscheidet das Kamel vom Fußballspieler.

Schluss für heute, im Namen der Weltdirektion darf ich Ihnen noch ausrichten: Der Weltweihnachtscircus ist ein sensationeller revolutionärer Weltkongress. Nordkorea tanzt. Die Clowns boxen.

Blick ins Jenseits

Der Schausteller Fritz Kinzler, 77, war der Einzige, der in diesem mysteriösen Fall Licht ins Dunkel bringen konnte. Bevor ich ihn traf, hatte mir ein Gastwirt in der Altstadt die Geschichte vom *Wasen-Zigeuner* erzählt. Sie spielt in einer Zeit, als das Wort »Zigeuner« so gebräuchlich war wie »Neger«. Es hieß, der Mann sei als einziger Überlebender einer Familie vom fahrenden Volk aus dem KZ der Nazis heimgekommen. Er habe nichts besessen. Nur eine Idee.

Nach dem Zweiten Weltkrieg steht eine kleine Bretterbude mit schwarzem Vorhang auf dem Wasen. Eine Schrifttafel davor verspricht dem Volksfest-Publikum den »Blick ins Jenseits«. Viele Leute scheinen sich nach dieser Aussicht zu sehnen. Scharenweise lösen sie Eintrittskarten, um die große Stuttgart-Sensation zu erfahren: Drüben, am anderen Ufer des Lebens, sieht es exakt so aus wie am Neckar auf dem Wasen.

Jeder damals ahnt, dass auch der stolze Eintrittspreis von zehn Pfennig nicht den Blick ins Überirdische öffnet. Aber nach dem Krieg steht die Kunst des Überlebens und des Träumens hoch im Kurs. Jeder freut sich über die Schlitzohrigkeit des Schaustellers, diese Geschichte den Leuten zu verkaufen.

Kaum einer kennt den Wasen so gut wie Fritz Kinzler, und selbstverständlich ist auch ihm die Sache mit dem Jenseits zu Ohren gekommen. An der Legende sei was dran, sagt er, den Zigeuner allerdings gebe es nur in der Fantasie der Leute. In Wahrheit hat das Geschäftsmodell ein erfahrener Schausteller entwickelt.

Fritz Kinzler hat sich vor einigen Jahren aus dem Berufsleben verabschiedet. Aber was heißt schon Abschied.

Er sagt: Wer als Schausteller geboren wird, stirbt als Schausteller. Bald feiert er mit seiner Frau Monika Goldene Hochzeit. Ihre Kinder Stefan und Patricia arbeiten in fünfter Generation als Schausteller, besitzen die Achterbahn *Wilde Maus* und die etwas wildere Erfindung *Breakdance* auf dem Wasen.

Herr Kinzler ist der große Fritz des Rummels. Ein Kind des Wasens, geboren im Juni 1935 am Rande einer Wassersport-Schau. In seiner Karriere leitet er vorzugsweise Fahrgeschäfte, sie heißen *Cortina-Bob*, *Hully Gully*, *Looping*. Finanziell bewegt er millionenschwere Riesen-Räder. Er erzählt, wie er vor nicht allzu langer Zeit zehn Lastzüge mit den Teilen der Wilden Maus zur Tankstelle fahren ließ. Er hat dreitausend Euro in bar bei sich, aber so schwer wie diesmal hat er sich noch nie in seinem Leben verrechnet. Der Diesel für seine Trucks kostet zehn Riesen.

Fritz Kinzler sagt, er sei immer ein »moderner Schausteller« gewesen, süchtig nach fortschrittlicher Technik, nach virtuosen Maschinen. Bereits 1960 fliegt er mit dem Kegelclub der Schausteller, er heißt »Lass en fatze«, in die Vereinigten Staaten. Was die Show- und Entertainment-Größen in der Neuen Welt auf Lager haben, lässt den Mann aus Stuttgart nicht mehr los. Er investiert, er liebt das volle Risiko, das große Glitzerspiel. Bis heute steht eine seiner Kreationen, der *Musik-Express*, im Vergnügungspark von Coney Island, New York.

Als wir über die Geschichte vom Blick ins Jenseits reden, geschieht etwas Merkwürdiges. Der erfahrene, mit allen Wassern gewaschene Schausteller sagt: Ich halte die Entwicklung auf dem Wasen für falsch. Immer nur »schneller, höher, weiter« ist ein Irrweg. Und dann reden wir über Tradition, über die Ursprünge der Kirmes, über Fantasie, Magie und Gaukelei. Wir reden darüber, was die Kirmes hervorgebracht hat. Die Kunst des Varietés, die Akrobaten, die Komödianten. Wenn man so will, sogar das Kino.

Fritz Kinzler sagt, das Volksfest von heute sei kein Fest mehr für das Volk, keines für die ganze Familie. Er vermisst die klassische Schaubude, die Orte der Freaks, die kleinen Stätten der großen Sensationen. Es gibt sie nicht mehr, die Frau ohne Kopf und ohne Unterleib, die Albträume im Kinderzimmer auslöst. Es fehlt der stärkste Mann der Welt, der sich von einem Auto überfahren lässt. Vorbei die Tage des Hypnotiseurs, der für einen Zehner Schweigegeld instruierte Kandidaten flachlegt.

Auch heute, sagt Fritz Kinzler, müsse es der Großmutter möglich sein, mit ihren Enkeln über den Platz zu spazieren, Zeit zu finden für die Wunder des Rummels. Ein Fehler, das kindliche Vergnügen komplett dem Gekreische in Partyzelten und Wahnsinnskarussells zu opfern. Der Wasen, sagt der Schausteller, ist wie Fernsehen: Es geht nur noch um Quoten, nicht um Ideen und Fantasie.

Herr Kinzler, werfe ich ein, glauben Sie etwa, die alte Schaubude hätte auf dem Event-Rummel von heute noch eine Chance?

Selbstverständlich, sagt er, man müsse sich halt etwas Neues einfallen lassen. Es sei ja gerade die große Kunst des Schaustellers, Neues neben Altes zu stellen, Tradition mit Gegenwart zu verbinden. Er sagt: Das Herz eines Volksfestes ist die Illusion.

Der alte Mann erinnert sich, wie Träume Wirklichkeit wurden, wenn sich in den Tunneln der Kirmesfahrzeuge Ehen anbahnten, wenn der Steilwand-Akrobat auf seinem Motorrad zum Superstar des Wasens aufstieg, wenn der Ballon-Verkäufer Kinder zum Lachen brachte. Vorbei. Im zeitgenössischen Dirndl- und Lederhosen-Zirkus hat man die Brücke zur alten Kuriositäten-Kirmes gekappt.

Eine verdammt weite Welt ist der Rummelplatz und Fritz Kinzler eine Nummer zu groß für meine Zeitungskolumne. Freundlicherweise ist er ein paar Schritte für mich in sie hineinspaziert. Ich hoffe, wir sehen uns bald wieder. Die Sache mit der Rückkehr der Schaubude ist noch offen. Ein Blick ins Jenseits könnte helfen.

Spanier

Unsinnig der Streit, ob Fußball der demokratischen Aufklärung dient oder der Ablenkung von politischen Verhältnissen. Die Diskussion darüber ist so ergiebig wie die Frage, ob Musik eine Revolution zum Sieg führt. Wer sich die EM 2012 von Waldemar Hartmanns Klitschen-Comedy im Leipziger Sackbahnhof und Katrin Müller-Hohensteins Strandliegen-Tratsch mit Olli Kahn im Usedomer Feuchtgebiet näherbringen ließ, hat seinen Fußballhorizont womöglich nicht entscheidend erweitert. Zum Glück stand auch andere Begleitmusik zur Verfügung. Rechtzeitig zur EM hatte der ukrainische Dichter Serhij Zhadan, Jahrgang 1974, bei Suhrkamp das Buch *Totalniy Futbol* herausgegeben. Darin äußert er die Hoffnung auf einen Sieg des Fußballs über die Politik – und den Wunsch, dass für all die in seinem Land, die an den »totalen Fußball« glauben, »diese Meisterschaft eine wunderbare Gelegenheit zur Vereinigung und Verständigung werden wird. Was hätte sie sonst für einen Sinn?«

Diese Frage lässt sich aus der Ferne nicht beantworten. Der Fußball allerdings erreicht so viel wie manche politische Demonstration, wenn er Fragen aufwirft. In Zhadans Buch finden sich in einem Text über das 2002 verstorbene Trainergenie Walerij Lobanowski diese Zeilen von Juri Andruchowytsch: »Fußball ist eine Fata Morgana. Du strebst dem Ziel zu, das du dir gesetzt hast, aber kaum ist es erreicht, stellt sich am nächsten Tag heraus, dass es dir nur so schien, als hättest du es erreicht. Denn alles ist schon wieder zerronnen.«

Damit sind wir beim dominierenden Thema der EM 2012. Pausenlos kritisieren Kommentatoren den Fußball von Xavi, Iniesta & Co mit der arroganten Floskel: »Spanien nervt.« Das Gefühl, »dass ein lange großartig anmutendes Modellbeispiel des modernen Kombinationsfußballs seine besten Tage hinter sich hat«, sei »jetzt schon unabweisbar«, schreibt die *Frankfurter Allgemeine Zeitung*. Wegweisende Kunst wird oft mit arroganter Ablehnung bestraft, wenn sie ihren revolutionären Kick hinter sich zu haben scheint. Das Totschlagargument gegen Spaniens Fußball heißt »Langeweile«. Vermisst werden »Wucht«, »Körpereinsatz«, »Torschüsse«. Vielen ist Spaniens Spiel wohl auch deshalb ein Ärgernis, weil es, anders als die Kreisklasse-Komik in *Waldis Club*, kein »Das können wir auch«-Gefühl beim kostümierten Partyvolk zulässt.

Der spanische Trainermentor Juan Manuel Lillo, Lehrmeister von Barças Ex-Trainer Josep Guardiola, sagt: Das Problem ist, »dass die meisten Menschen den Fußball betrachten, als ob man ihn in Kapitel aufteilen müsse. Wir müssen uns im Fußball von Begriffen wie Angriff und Verteidigung lösen. Angriff und Verteidigung existieren nicht. Das sind Hilfsbegriffe, die wir aus kollektiven Sportarten entlehnt haben, die mit der Hand gespielt werden. Aber im Fußball kannst du den Ball eben nicht festhalten.«

Also haben Spaniens Trainer neue Formen der Ballannahme, der Balleroberung und der Spielübersicht entwickelt. Diese Technik ermöglicht kurze Pässe und einen immensen Druck auf den Gegner. Der Fan mag Schüsse aufs Tor vermissen. Dem Fußballliebhaber aber eröffnen sich die Reize brillanter Spielordnung.

Der Spieler Iniesta, ein vollkommener Fußballer, sagt: »Eine Niederlage ist niemals ein Untergang. Ein Fiasko wäre es, wenn wir auf unseren Stil verzichten würden, wenn wir nicht mit unseren Waffen kämpfen, das Feld nicht leer vor Anstrengung verlassen würden ... doch das wird nicht geschehen.« Diese Sätze erklären den Unterschied zwischen Spaniens in Jahrzehnten gewachsenem Fußball und herkömmlichen Taktiken. Die Trainer anderer Nationalteams realisieren (wie Löw im Halbfinale gegen Italien) eine auf den Gegner ausgerichtete Strategie. Sie haben eine »Philosophie«. Die Spanier haben eine Haltung. Mit ihrer einzigartigen Balltechnik machen sie kompromisslos ihr Ding. Das ist Kunst.

Dass es in einem Fußball mit Zerstörungstaktiken keine Erfolgsgarantie gibt, auch nicht für die Spanier, ist zum Glück eine Binsenweisheit. Und selbst die besten Künstler haben schlechte Tage. Im Übrigen steht es ja jedem Team auch in Zukunft frei, die *Furia Roja* mit einer spannenden, spektakulären Leistung, mit totalem Fußball zu besiegen. Das gilt auch für das deutsche Team. In der Staatssender-Propaganda von ARD und ZDF war eine Finalniederlage der spanischen Langweiler gegen Löws Team bereits programmiert. Eine Gnade, dass die Italiener die Dinge anderes regelten. Die Azzurri stehen nicht für Kunst. Dennoch denkt man an die Grandezza von Typen wie Pirlo und Balotelli mit Freude zurück. Und womöglich ist schon morgen der Tag, an dem alles zerrinnt.

Im Marquardt gibt es alles

Die Geschichte eines großen Hotels

Am 2. Juli 1939 steigt in der Adolf-Hitler-Kampfbahn in Bad Cannstatt ein Jahrhundertspektakel. Der deutsche Profiboxer Max Schmeling, 33, tritt zum letzten Mal um den Titel des Europameisters an. Als ehemaliger Weltmeister im Schwergewicht, nach großen Kämpfen wie gegen den »braunen Bomber« Joe Louis, ist er eine lebende Legende. Sein Gegner ist Adolf Heuser, 31, aus Bonn, und in Stuttgart feiert man einen Rekord. Achtzigtausend Zuschauer sind im Stadion, so viele wie nie zuvor bei einem Boxkampf.

Im Juli 1939 arbeitet Fritz Wagner, noch keine 16 Jahre alt, als Kellnerlehrling im Stuttgarter Hotel Marquardt am Schlossplatz. Die goldenen Knöpfe seines Fracks sind in diesen Tagen besonders gut poliert, und der Oberkellner hat die Fingernägel noch sorgfältiger als sonst kontrolliert. Der Champion Max Schmeling wohnt mit seiner Entourage im besten Salon des Hauses. Als diensttuender Kellnerlehrling wird Fritz in den Salon bestellt. Als er eintritt, spielt der Boxer mit Freunden Poker. Die Herren haben auf dem Tisch Münzen zu kleinen Türmen gehäuft, und weil sie Sportsmänner sind, bitten sie um Tee. Als Fritz mit dem Teewagen zurückkommt, fragt er, ob er die Getränke auf die Rechnung schreiben dürfe. Schmeling, von seinen Freunden »Maxe« genannt, nimmt ein paar Münzen vom Stapel und drückt sie dem Jungen in die Hand. Der fällt fast in Ohnmacht: Es sind drei Fünfreichsmarkstücke, ein Haufen Geld.

Im Juli 1939 sind die großen Tage des Hotel Marquardt

gezählt. Zwei Monate später wird Hitlers Wehrmacht Polen überfallen. Die Lehrjahre von Fritz gehen zu Ende. Anfang 1940 verlässt er das beste Haus am Platz. Der Hoteldirektor Fischer schreibt ins Zeugnis, Fritz scheide auf eigenen Wunsch aus, das Haus könne ihn »bestens empfehlen«. Fritz war ein guter Mann gewesen, beim Reichsberufswettkampf der Kellner aus dem Großraum Württemberg-Hohenzollern belegte er den zweiten Platz.

Seine Lehre hatte er vor seiner Marquardt-Zeit im christlich orientierten Hotel Herzog Christoph in der Christophstraße im Gerberviertel begonnen. Doch Anfang 1939 wurde das Haus verkauft, vermutlich nicht freiwillig. Es herrschte bereits der Nazi-Terror.

Fritz Wagner hat noch ein halbes Jahr lang nach Schmelings Kampf im Marquardt gearbeitet. Er ist einer der letzten Zeugen aus der Endphase des Hotels. Bei der Suche nach Anekdoten bin ich im Frühjahr 2011 auf ihn gestoßen, der Tipp kam aus einem Café im Marquardt-Bau, Bolzstraße.

Ich durfte Herrn Wagner im Frühjahr 2011, kurz vor seinem 88. Geburtstag, besuchen. Er wohnt außerhalb von Stuttgart und bittet mich, nicht zu viel über ihn zu erzählen. Ich muss ihm versprechen, seinen Namen leicht zu verändern. Und kein Foto. Herr Wagner hat ein gutes Gedächtnis, seine Erinnerungen würden ausreichen für einen Grand-Hotel-Roman. Von den noch älteren Geschichten ganz zu schweigen.

Das erste Hotel Marquardt wird 1838 von dem Gasthofbesitzer Wilhelm Marquardt in der Königstraße eröffnet. Der Eisenbahnverkehr boomt, Marquardt braucht ein Hotel in unmittelbarer Nähe des ersten Stuttgarter Bahnhofs in der Schlossstraße (heute Bolzstraße) und kauft weitere Gebäude hinzu. 1857 wird das Hotel als erste Adresse der Stadt eingeweiht. Bald ist es weltberühmt, im Haus wohnen Prominente wie der Politiker Otto von Bismarck und der Musiker Franz Liszt; 1860 gibt der Komponist und Klaviervirtuose im Marquardt-Festsaal ein Konzert (schon als Zwölfjähriger war er in Stuttgart aufgetreten).

Auch Liszts Kollege und Konkurrent Richard Wagner übernachtet regelmäßig im Haus, hat aber selten das Geld, die Rechnung zu bezahlen. 1846 schickt König Ludwig II. von Bayern einen Boten, um seinen Lieblingskomponisten zu suchen. Er spürt ihn im Marquardt auf. Es ist höchste Zeit. Wagner ist völlig abgebrannt, hat bereits Bettelbriefe verfasst, die Gläubiger verfolgen ihn. Der Bote muss die Hotelkosten begleichen, bevor er Wagner mit nach München nehmen kann. Die Berufung nach Bayern ist Rettung in letzter Not. Ludwig II. gibt Wagner Geld und Arbeit. Erst 1872 steigt der Komponist wieder im Hotel ab. Inzwischen ist er berühmt. Heute erinnert an ihn eine kleine, nur schwer zu findende Tafel im Marquardt-Bau.

In den zwanziger Jahren ist das Hotel Marquardt auch Sammelbecken internationaler Ganoven. Der Berliner Schriftsteller Walter Serner (er wurde 1944 von den Nazis im KZ ermordet) hat uns gute Geschichten hinterlassen; sein Hochstapler-Krimi Zéro beginnt mit den Sätzen: »Mit Semmelhug wollte es, seit er in Stuttgart war, nicht vorwärts gehen. Schon nach acht Tagen hatte er das Hotel Marquardt mit dem Hotel Wörner vertauschen müssen und wenige Tage darauf dieses mit einem kleinen Zimmer in der Rosenbergstraße ...«

Auch der Filmregisseur Jean Renoir, Sohn des Malers Pierre-Auguste Renoir, wohnt zwischen dem Ersten und Zweiten Weltkrieg im Marquardt, wann genau weiß man nicht. In seinem Zimmer hat er ein Bild gemalt, darauf ist die Fensterfassade zu sehen, der Blick geht zum Alten Schloss. Das Gemälde existiert noch. Die Liste prominenter Gäste scheint unendlich, sie reicht von Karl May über Buffalo Bill – er gastierte 1899 mit seiner Wildwest-Show auf dem Marienplatz – bis zu Rudolf Steiner. 1944 fällt der Marquardt-Bau den Bomben der Alliierten zum Opfer; nur die Außenmauern bleiben stehen. Nach dem Krieg baut es der Architekt Eugen Mertz wieder auf. Bis heute ist es im Besitz der Familie Mertz; Seniorchef Eberhard Mertz kommt noch immer ins Büro. Im Haus gibt es Restaurants und Cafés, die Komödie im Marquardt (im einstigen Festsaal) und die traditionsreichen, schönen Innenstadt-Kinos.

Viele, die heute ins Metropol, Cinema, EM und Gloria gehen, ahnen nichts von der Vergangenheit des Gebäudes. Dabei könnte man Spielfilme über diesen Ort drehen. Gesellschaftsdramen, Krimis, politische Thriller: Als im März 1920 die Reichsregierung vor Soldaten mit Hakenkreuzen am Helm aus Berlin über Dresden nach Stuttgart flüchtet, logieren die Minister des Reichspräsidenten Friedrich Ebert im Marquardt; der Sozialdemokrat Ebert wohnt standesgemäß im Alten Schloss.

In einigen Archivtexten ist heute zu lesen, das Hotel Marquardt habe 1938 schließen müssen. Fritz Wagners Gehilfenzeugnis aber trägt das Datum vom 30. Januar 1940. Vermutlich hatte das Hotel 1938 finanzielle Probleme und geriet in die Hände einer Bank. Es hält sich auch das Gerücht, der Hotelbesitzer, ein sozial engagierter Mann, habe einmal Hitlers Übernachtungswunsch abgelehnt und deshalb sein Haus verloren.

Nach 1938 war das Marquardt noch einige Jahre geöffnet. Herr Wagner erinnert sich nicht nur an Schmelings Kampf 1939 gegen Heuser. Er erzählt von schillernden Gästen wie den Schauspielern Hans Albers und Albert Bassermann, er kennt Anekdoten über manchen Herrn Geheimrat.

Er weiß noch, wie seinem Chef eines Tages zu Ohren kam, dass der Lehrling einem prominenten Gast, dem erfolgreichen Instrumentenbauer Hohner, eine gewünschte Südfrucht nicht servieren konnte. Die Frucht stand nicht auf der Liste des Hauses, aber in der Nähe gab es die Markthalle. Unverzüglich bestellt der Direktor den Konditorchef, die Hausdame und den Kellnerlehrling zum Rapport. »Den Satz, im Marquardt gibt es etwas nicht, gibt es bei uns nicht!«, sagt der Chef. »Im Marquardt gibt es alles.«

Vor allem gab es eine familiäre Atmosphäre. Als Max Schmeling und seine Frau Anny Ondra 1983 Goldene Hochzeit feierten, schickte ihnen Herr Wagner ein Geschenk aus seinem inzwischen gegründeten Geschäft. Max Schmeling schrieb zurück: »Meine Frau und ich danken Ihnen und Ihrer Frau herzlich für die versilberte Zitronenpresse. Gern denke ich an meinen Aufenthalt im Hotel Marquardt in Stuttgart zurück und freue mich darüber, dass Sie im gleichen Haus sich ein Fachgeschäft aufbauen konnten.«

Das Haus war einmal so bekannt, dass noch ein Vierteljahrhundert nach dem Ende des Hotels Briefe mit Zimmerbestellungen aus Übersee in Stuttgart eintrafen.

Herrn Wagners Laden und das Hotel gibt es nicht mehr. Nur Geschichten, die es zu bewahren gilt. Anekdoten wie diese: Als Max Schmeling in Stuttgart gegen Adolf Heuser boxt, ist auch der Theater- und Filmschauspieler Gustav Knuth im Stadion; er spielt gerade eine Rolle in dem Streifen »Der Vorhang fällt«. Als der Ringrichter die erste Runde freigibt, fällt Gustav Knuth im Trubel der Hut vom Kopf. Er bückt sich, kann den Hut aber nicht gleich finden. Als es ihm endlich glückt, das gute Stück zu greifen, bricht im Stadion ein Lärm aus, wie ihn auch ein Theatermann selten erlebt. Der Kampf ist aus. Heuser liegt am Boden. Max Schmeling hat ihn nach 72 Sekunden k. o. geschlagen.

Ein halbes Jahr später verlässt Fritz Wagner das Hotel. Der Krieg hat begonnen.

Weltwunderherbst

Für einen Augenblick war ich oben, für einen Akt, den die Zeitgeistdeppen »Momentaufnahme« nennen. Es war Ende Oktober, ich posierte für ein Foto auf einem Hügel über der Stadt. Ein schwindelerregender Blick am Mittag hinunter in den Sonnenkessel, zum Glück nicht umwerfender als nötig, ich stand auf einer hohen Mauer. Die Aussicht von den Hügeln ins Tal ist das eine, der Herbst 2011 das andere. Ich kann mich nicht erinnern, jemals einen solchen Herbst erlebt zu haben. Schon Anfang Oktober, als ich ein paar Tage Ferien gemacht hatte, in Brookyln, regierte in der Stadt der Indianersommer. Es war ein warmer, fast heißer Herbst, ein Spätsommerrausch aus dem Medizinmannkessel, und als ich durch die Straßen und Parks ging, schien New York nicht da zu sein. Ich sah kleine Häuser mit Gärten, enge Straßen mit Bäumen, einen scheinbar endlosen Park mit Wasser.

Wer alles in Szene gesetzt hatte, war der Herbst, das Lichtgenie. Es herrschte nicht nur ein Wunderherbst in der fremden Stadt, es regierte der Weltwunderherbst, denn kaum war ich zurück, sah auch daheim alles anders aus, als ich es in Erinnerung hatte. An solchen Tagen fängt man an, Gedichte zu lesen: *Alles kommt anders / wenn der Wind / weiß wird / das Luftgespinst / sich verdichtet.*

Das ist ein Frühlingsgedicht vom Rose Ausländer, es heißt »Maiwinter«, und ich dachte: Dieser Weltwunderherbst ist ein kostümierter Mai, bevor der Schnee kommt. Alles war durcheinandergeraten geraten und dieser Herbst wie keiner zuvor. Die Blätter fielen weicher als die Börsenkurse.

Bald darauf kamen Halloween, Allerheiligen und der

November in die Stadt, und der Herbst blieb, wie er war. Am frühen Morgen konnte ich im Dachswald durch die Blätter das Blau des Himmels sehen. Es war kalt, doch spürte ich es nicht. Das weiße Luftgespinst hatte noch keine Lust, sich zu verdichten.

Heute ist es Zeit, ein Lied anzustimmen, einen Choral mit Orgel und Posaunen, Specht-Getrommel und Elektro-Bässen, eine Hymne auf den Weltwunderherbst 2011, diesen schrägen Lichtervogel, der vor den Jahreszeiten so wenig Respekt hat wie vor dem Weihnachtsgeschäft. In der Apotheke in der Nachbarschaft stehen zwei Tannenbäume, der Dekorateur hat passend geschmückte Ware dazugestellt, und beim Blick ins Schaufenster spiegelt sich darin die herausgestreckte Zunge eines Harlekins. Das ist der Herbst.

Dieser Schelm mit seiner Lichtmaschine hat an Allerheiligen sogar den Partyschmutz und die Halloween-Leichen weggeblendet, auch die junge Frau, die am Sonntagnachmittag am Eingang zum Bohnenviertel leblos auf dem Bordstein lag, erledigt vom härtesten Herbstzeitlosengift der Saison. Ihr Kerl schrie ihren Namen, er heulte hemmungslos, und noch ehe die Helfer eines Notarztwagens von einem anderen Katastrophenort in der Nähe angerannt kamen, hatte ich gewusst, das Mädchen würde überleben. Der Weltwunderherbst hat ihm noch eine Frühlingschance gegeben. Als es aus der Ohnmacht erwachte, leuchteten seine Augen, wie sie leuchten in einem Herbst, der eine Droge ist, die es gut mit einem meint.

Was man den Grünen
so sagt

Am Montag, dem 13. Dezember 2010, wurde ich von den Stuttgarter Grünen als Gastredner zur Feier des 30. Jahrestags ihrer Fraktionsgründung im Stuttgarter Gemeinderat bestellt. Der Stehempfang fand im Rathaus statt. Hier mein Vortrag:

Guten Abend meine Damen und Herren,

überall ist zu lesen, ein tiefer Riss gehe durch Stuttgart. Das bedeutet: Wir sind inzwischen die berühmteste geteilte Stadt der Welt nach Jerusalem und Böblingen-Sindelfingen.

Das ist heute meine Antrittsrede im Rathaus, mit Sicherheit auch meine letzte, sie kommt mit einiger Verspätung. Ursprünglich war sie für den 30. September geplant. Damals wollten die Grünen hier groß in Champagner baden. Dann aber fiel das Ding ins Wasser, man ging zum Duschen in den Schlossgarten. Schwarzer Donnerstag.

Mir ist nicht ganz klar, warum man für ein Geburtstagsfest ausgerechnet das Rathaus wählt. Auf dem Hoppenlaufriedhof herrscht, obwohl der Ort mangels städtischer Kohle völlig heruntergekommen ist, vergleichsweise blühendes, kreatives Leben.

Womöglich empfinden die Grünen das Paternoster-Fahren im Rathaus extrem erregend, dieses für Politikerinnen oder Politiker unersetzliche erotische Gefühl: Man rauscht dauernd im freien Fall nach oben.

30 Jahre sind kein Pappenstiel, meine Damen und Her-

ren, die Grünen sind heute zehn Jahre älter als die deutsche Republik und nur zehn Jahre jünger als die DDR, das Land, in dem sie ihre Wurzeln haben. Die *Stuttgarter Nachrichten* haben vor 30 Jahren die Grünen mit Gänsefüßchen geschrieben, so wie »*Bild*« die DDR.

Es ist seltsam, ich habe keine präzisen Bilder mehr vor Augen. Die Anfangszeiten der Stuttgarter Öko-Beutel mit ihren giftigen Jutesäcken in der Hand, die Träger von Sandalen aus der Produktion eines Neonazi-Sponsors verbinde ich bis heute mit einem kleinen Berliner Erlebnis.

Im Sommer 1979 machte ich Urlaub am Chamissoplatz in Kreuzberg. In diesem Quartier gab es eine Kneipe namens *Schlemihl*. Den Schlemihl kennen Sie, das ist Adalbert von Chamissos literarischer Held, der seinen Schatten für einen Sack Gold an den Teufel verkauft. Eine Art Cem Özdemir, der sich Leuten wie Hunzinger an den Hals wirft, um seinem Schattendasein im Migrationshintergrund zu entkommen.

Auf der Theke im Schlemihl spielte eines Abends die Kabarett-Truppe *Die 3 Tornados*. In der Pause sammelten sie Geld für die Rote Hilfe. Diese Show war das Größte, was ich bis dahin außerhalb meines globalen Lebens zwischen Schwäbisch Gmünd und Stuttgart gesehen hatte. Die 3 Tornados waren wild und links und selbstironisch – den Grünen unbekannte Eigenschaften. Sie nahmen die Ökos und Alternativos aufs Korn und sangen Kampflieder wie dieses:

Wer hat stets ein Flugblatt in der Hand / Wer malt Parolen an die Wand / Wer fährt immer schwarz / Wer gibt keine Ruh / und klebt die Fahrscheinautomaten zu. – Flipper, Flipper / der Freund aller Kinder.

Beim Fuseltrinken im *Schlemihl* kam ich mit den drei Herren ins Gespräch und erfuhr, dass sie wenige Tage später in Stuttgart auftreten würden. Mann, dachte ich, jetzt wird alles gut: Bald weht der Kreuzberger Wind über dem Kessel, das wird ein politischer Hurrikan. Der

Friedhof lebt. Rasch setzte ich mich hin und schrieb einen langen Bericht über die Tornados, den ich per Telefon nach Stuttgart durchgab. Er erschien tatsächlich in den *Stuttgarter Nachrichten.*

Tatsächlich spielten Die *3 Tornados* am 9. September 1979 in Stuttgart, und zwar für eine der Gründungsveranstaltungen der Alternativen Liste in der Liederhalle. Das muss man sich heute mal vorstellen: Die *Tornados* waren kiffende Anarchos, Spontis im Umfeld der Hausbesetzer-Szene, sie spritzten mit Bier auf der Bühne herum, sie beleidigten Franz-Josef Strauß und Maria und Josef und sangen eine Hymne auf Opa Krummwiede, der sein Haus gegen Bauspekulanten mit der Schrotflinte verteidigte. In Stuttgart aber gab es nicht mal einen Laden, der Leuten wie den *Tornados* eine Bühne bieten konnte. Kein Theaterhaus. Es gab überhaupt nichts in Stuttgart – außer RAF-Nachwehen. Weit und breit keine anständige Kneipe für die Nacht. Nach zwölf musste man sich per Klopfzeichen einen konspirativen Thekenplatz erkämpfen und danach vor den Bullen zittern. Meistens aber, nachdem man bei zehn Grad minus zwanzig Minuten lang an die Kneipentür geklopft hatte, erhielt man wie bei der *Widmerin* in der Leonhardstraße den Tipp des Tages: »Ganget no, wo er herkommet.« Die Grünen waren diesen Spruch ja gewohnt.

Es war trostlos und würdelos in unserer schönen Stadt. Die Grünen waren deshalb die meiste Zeit in Apulien, um den armen Bauern den Rotwein wegzutrinken. Lange wusste ich nicht, wo sich die Alkoholiker von der SPD und der CDU herumtrieben. Später erfuhr ich, dass Lothar Späth mit Kumpels wie Rudi Häußler und wie sie alle hießen die führenden Häuser von Reutlingen bevorzugte. Man reiste im Mercedes zur betreuten Alterserotik.

In dieser Phase tauchten die Grünen auf. An die Namen kann ich mich kaum noch erinnern. Thomas Schaller hieß einer, ein anderer Michael Kienzle, von dem man sagte, er renne mit Beil und Säge durch die Wälder, um die freie Natur zu jagen. Er hatte auch Hühner und eine Latz-hose, um von seinem Bart abzulenken. An die Luden-Scharniere eines Cem Özdemir wäre er allerdings nicht rangekommen.

Solche Kerle schienen kaum dafür geeignet, tags ein Dixi-Klo geschweige denn nachts eine Bar zu stürmen. Von Joschka Fischer wusste ich damals noch nichts. Fischer hatte schon zehn Jahre zuvor in einem Keller des Leonhardsviertels den Linken Peter Grohmann einen kleinbürgerlichen Scheißer geheißen, als der ehemalige DDRler zur Erfüllung seines Fünf-Jahres-Plans auf dem Hygiene-Gebiet die verwanzten Wände des *Club Voltaire* mit weißer Farbe streichen wollte. Das Nachfolge-Etablissement des Club Voltaire hieß *Bierorgel*. Für Fischer war das die Bio-Variante der Stalinorgel.

Das Rotlichtviertel in der Altstadt war neben der Wei-ßenhofsiedlung der einzige Stuttgarter Ort mit urbaner Qualität. Provinzler wie Rezzo Schlauch hatten in diesem Revier der professionellen Sexual-Manager nie eine Stimme im Parlament – gaben aber überall damit an.

Das Rotlicht wurde für die Grünen erst 2010 ein The-ma, als Frau Brigitte Lösch ankündigte, *der Vorstoß* der Sozialministerin Stolz, beim käuflichen Geschlechtsver-kehr Kondompflicht einzuführen, gehe ihr nicht *weit ge-nug*. Die Weite des sexuellen Vorstoßes, das habe ich in den vergangenen 30 Jahren gelernt, ist schwer zu kon-trollieren. Der erotisch integrierte Schwabe benennt das Problem mit unschlagbarer Logik: »Man steckt halt net drin«.

Früher dachte ich, die Grünen seien gescheiter als ande-re Politiker. Später sagte ich mir: Vielleicht sind sie in-telligenter – raushängen tun sie es jedenfalls nicht.

Vor 30 Jahren glaubten einige Grüne wie ihr Starthelfer Rudi Dutschke noch an die Diktatur des Proletariats – und sie behielten recht: Heute HABEN sie Cem Özdemir. Der konnte sich in Bad Urach ja nie integrieren. Heute wohnt er unter den schwäbischen Türken von Kreuzberg.

In den achtziger Jahren zogen die Stuttgarter Grünen unter dem Kommando des Naturburschen Kienzle vorzugsweise gegen Popgruppen wie Abba in den Krieg, weil die Schweden statt selbstgestrickten Pullovern Plastik-Klamotten trugen. Dann aber, als sich die Grünen die Texte von Udo Jürgens altersbedingt nicht mehr merken konnten, wurden sie selbst Abba-Fans. Das muss etwa zu der Zeit gewesen sein, als Antje Vollmer sagte: »Die Grünen von heute sind eine FDP mit Fahrrad« – ja, dachte ich, das ist wahr: Jedes Mal, wenn ich durch den Stuttgarter Westen gehe, sitzt der Werner Wölfle im Sattel.

Heute sind die Stuttgarter Grünen im Bahnhofsabwieglungsgeschäft tätig, ihre großen Ziele sind ja bereits verwirklicht: Es gibt den gelben Sack und die Renaissance der Luftpumpe. Wenn es die *3 Tornados* noch gäbe, würden sie sagen: Mann, wenn ihr 20 Minuten schneller in Ulm sein wollt, dann fahrt doch einfach einen Zug früher.

Meine Damen und Herren, Stuttgart hat sich entwickelt. Die Kneipen haben nachts geöffnet. Die Grünen haben viel Feinstaub bei ihrer Annäherung an die Schwarzen aufgewirbelt – und Heiner Geißler die Scheindemokratie durch die *Scheinwerferdemokratie* ersetzt. Jetzt muss der Laden nur noch richtig regiert werden. In diesem Sinne: Glückwunsch und schöne Bescherung. Vielen Dank.

Auf dem Friedhof

Womöglich erleben wir im Juli 2012 das Stuttgarter Festival der Festivals. Neben dem Festival Jazz Open an mehreren Spielorten der Stadt findet das Festival der Kulturen auf dem Marktplatz statt, das Festival der Aal- und Bierleichen beim Hamburger Fischmarkt auf dem Karlsplatz ist ebenfalls nicht zu überriechen, und als ich aus der Stadt flüchte, um mir ein paar Notizen zu machen, ist das Afrika-Festival auf dem Erwin-Schoettle-Platz im Gange. Die Stände mit den Holzelefanten, Lederhüten und Gewürzen bemerkte ich allerdings erst, als ich nach dem ersten meiner zwei Ausflüge zum Dornhaldenfriedhof wieder in Heslach ankam. Es ist nicht leicht, beim Festival der Festivals den Überblick zu wahren, zumal der Festival-Sommer noch nicht beendet ist und ich es vermutlich verschlafen habe, ein wichtiges Hocketse-Festival in Feuerbach zu besuchen.

Unter diesen Umständen bin ich froh, nicht Gastwirt geworden zu sein, auch wenn es sonst nichts Großes geworden ist. Es wäre mir ein Horror, meine Gäste irgendwo beim Festival der Festivals einzufangen und in meine Mini-Bar zu locken. Zum Fischmarkt beispielsweise kann der Gast ohne Geld gehen. Man hat extra einen Container mit Bankautomat für ihn aufgestellt, damit sein Privatcrash gesichert ist.

Bei jedem Stadtspaziergang lerne ich was dazu. Vor meinen jüngsten Ausflügen zum Dornhaldenfriedhof war mir nie aufgefallen, dass es in Heslach auch eine Dornhaldenstraße gibt. Sie feiert in diesem Jahr ihren 110. Geburtstag. Glückwunsch.

Schon einige Male bin ich zu den Friedhöfen mit der Seilbahn hinaufgefahren, und in den wenigsten Fällen war eine Beerdigung der Anlass. Fremde, aber auch Einheimische denken oft, die Seilbahn, diese schöne alte Holzkutsche, fahre durch die Luft wie ein Skilift oder ein Kirmeskarussell. In Wahrheit hängt sie bodenständig an einem Stahlseil. Sie startet am Südheimer Platz in Heslach und ist eine echte Stuttgarter Nummer. Bald dreiundachtzig Jahre alt und damit berechtigt, einen Friedhof anzusteuern.

Das offizielle Ziel der kurzen Fahrt über eine Gleisstrecke von 536 Metern mit einem Höhenunterschied von 87 Metern ist der Waldfriedhof mit seinen berühmten Toten. Paul Bonatz, Robert Bosch, Theodor Heuss, Wolfgang Windgassen.

Nicht weit entfernt liegt der Dornhaldenfriedhof, er wurde 1974 auf Degerlocher Gebiet angelegt. Ich nähere mich einem Nebeneingang im Gebüsch. Hunde, steht an der Tür, müssen draußen bleiben. Ich gehe rein. Nach ein paar Schritten öffnet sich von einer Anhöhe der Blick auf den »Gebeinsgarten« (wenn ich nur wüsste, wo ich dieses schöne Wort her habe). Das Gelände auf der ehemaligen Schießanlage Dornhalde liegt da wie ein kleiner Naherholungspark, und das ist er auch. Eichen, Akazien und Hainbuchen versperren nicht die Sicht aufs freie Land. Es müsste nach meinem Ermessen auf diesem Gelände noch ein Startplatz in die Ewigkeit zu haben sein, sofern man sich einen leisten kann.

Neulich, bei der ersten meiner Friedhof-Touren, war Sonntag. Weit und breit kein Lebender, und weil auch Herr Klötzl, der Friedhofswärter, sonntags Ruhetag hat, fand ich die Gräber nicht, die ich suchte, obwohl ich, wie sich anderntags herausstellte, mehrmals daran vorbeigegangen war. Nicht leicht, der Blick ins Jenseits.

Das Urnengrab des Philosophen und Schriftstellers Max Bense, er hat in Stuttgart gelehrt, ist schwer zu finden. Er lebe nur mit den Füßen in Stuttgart, hat er einmal gesagt. Versteckt und beschattet wie das Werk des Meisters liegt es auf dem Hügel am Ende des Friedhofs. Ein fünfzig Zentimeter kleines graues Steinquadrat aus zwei Dreiecken, im Boden unter einer Kiefer eingelassen, neben einer Lavendelstaude. Von Max Benses Gruft, der Philosoph ist 1990 gestorben, kann man auf das Gemeinschaftsgrab der 1977 beerdigten RAF-Toten Gudrun Ensslin, Andreas Baader, Jan-Carl Raspe hinabschauen. Befürchtungen, der Ort könnte eine Kultstätte des Terrors werden, haben sich nicht bewahrheitet. Das gepflegte Grab liegt abgelegen.

Am längsten habe ich nach der Ruhestätte von Peter O. Chotjewitz gesucht und sie erst nach einem Anruf bei Herrn Klötzl gefunden. Kleines, stilvoll beschriftetes Grabmal aus rotem Sandstein, ein Findling aus einem Fluss, erfahre ich später. Der 1934 in Berlin-Schöneberg geborene Schriftsteller und Jurist Peter O. Chotjewitz wurde im Dezember 2010 beerdigt. Seit 1995 hatte er in Stuttgart gelebt; im Jahr 2000 erhielt er den Literaturpreis der Stadt.

Seine 2011 von dem Frankfurter Autor Jürgen Roth herausgegebenen Erinnerungen tragen den Titel »Mit Jünger ein' Joint aufm Sofa, auf dem schon Goebbels saß«. »Ich habe mich in Stuttgart nie schlecht gefühlt, nicht schlechter jedenfalls als in irgendeiner anderen Stadt«, heißt es im ersten Kapitel des 363 Seiten umfassenden Biografie (Verlag Büchse der Pandora). Ohne dieses Buch kann man die Stuttgarter Entwicklungen der vergangenen hundert Jahre nicht verstehen. Auch nicht, warum dieser großartige Erzähler auf dem selben Friedhof wie seine Freunde begraben werden wollte.

Ich werde noch einmal mit der Seilbahn zum Friedhof fahren, weiter in dem Buch lesen und einiges in mein Notizbuch kritzeln. Bis demnächst auf dem Friedhof. So oder so.

Für die Engel und den Teufel

Im Sommer 2011 organisierten Zeitungsredakteure in Stuttgart (und nicht nur dort) den längsten Streik in der deutschen Pressegeschichte der Nachkriegszeit. Er ging länger als einen Monat. Immer wieder gingen wir, unterstützt von Musikern, Autoren, Gewerkschaftern, mit Bühnen-Aktionen an die Öffentlichkeit. Ende Juli hielt ich diese »Rede an die Kolleginnen und Kollegen, gewidmet allen Leserinnen und Lesern«:

Willkommen auf der Stuttgarter Schlossplatz,

Wir sind schon eine Weile im Streik, länger, als viele von uns geahnt haben. Die meisten von uns haben wenig oder keine Erfahrung im Arbeitskampf, wissen nichts von der Psychologie, von den Ängsten des vermeintlichen Nichtstuns. Unsereins ist seit 39 Jahren im Gewerbe, und einen ähnlichen Konflikt habe ich als Beteiligter nie erlebt.

Ich glaube, es hat lange gedauert, bis sich bei uns, den Journalisten, herumgesprochen hat, worum es eigentlich geht. In früheren Tarif-Auseinandersetzungen waren die Dinge überschaubar. Die Arbeitnehmer forderten mehr Lohn von den Arbeitgebern, es gab ein paar Sparrings-Einheiten zwischen den Verbänden und den Gewerkschaften, und nach einigen Runden im Boxring – oder Schattenbox-Ring – einigte man sich auf einen Prozent-Deal, bevor man zufrieden schimpfend nach Hause ging.

Dieses Mal, im unruhigen Jahr 2011, wo überall etwas Straßenkämpferisches in der Luft liegt, ist alles anders. Selbstverständlich geht es auch diesmal um Kohle, aber in erster Linie geht es um die Arbeit selbst, um ihre Qualität. Es geht um das Handwerk des Journalismus, um Information und Aufklärung. Nach außen ist das schwer zu vermitteln, obwohl der Fall einfach ist: Wenn man die Detektive ausschaltet, machen die Gauner vollends, was sie wollen.

In unseren Zeitungen finden sich immer mehr amtliche Verlautbarungen, diese Texte gleichen politischer Propaganda und Vertuschungsversuchungen.

Erst jetzt, in den Tagen des Streiks, ist mir aufgegangen, was das Wort Arbeitskampf bedeutet: Wir und unsere Unterstützer kämpfen um unsere Arbeit an sich, um ihren Inhalt, um den Sinn dieser Arbeit. Es geht nicht nur um sogenannte soziale Besitzstände.

Viele Menschen, das wissen wir aus anderen Branchen, bekommen psychische Probleme, wenn sie sich wie wir zum ersten Mal in einem langen Arbeitskampf befinden. Viele Menschen, und das gilt besonders für die eitle Sippschaft der Journalisten, definieren ihre Existenz, ihre Person, oft allein über ihre Arbeit – ich fasse mich an die eigene Nase. Journalismus hat sich, auch in seiner kleinen Form, zu einer Art Posing entwickelt, wir haben die lesenden Menschen teilweise aus den Augen verloren – und jetzt mussten wir auf einmal unsere gewohnte Bühne verlassen, ohne zu wissen, wann wir zurückkehren. Karl Kraus, der scharfsinnige Zyniker, hat kein gutes Haar an den Journalisten gelassen, und es kann kein Zufall sein, wenn ausgerechnet dieser Satz einer seiner berühmtesten ist: »Es genügt nicht, keine Gedanken zu haben. Man muss auch unfähig sein, sie auszudrücken.«

Ich weiß, dass wir im Arbeitskampf nicht Hohn und Spott, sondern Energie und Nerven brauchen, um gemeinsam über die Runden zu kommen.

Andererseits ist dieser Streik eine große Chance, uns mal selbst zu hinterfragen, uns Gedanken zu machen, ob wir die richtigen Gedanken haben und ob wir sie richtig ausdrücken. Wir könnten die unangenehme Krankheit namens Selbstzweifel an uns heranzulassen, statt vollends den Schnellschüssen der geballten Online-Arroganz zu verfallen.

Wir sind überzeugt, dass wir für die gute Sache, dass wir im Sinne von Gerechtigkeit und Demokratie die Arbeit niedergelegt haben. Dennoch sollten wir darüber nachdenken: Werden wir beispielsweise denen, die anderswo um demokratische Gesetze und faire Spielregeln kämpfen, in unserem beruflichen Alltag gerecht? Oder behandeln wir sie nicht viel zu oft mit Respektlosigkeit und Überheblichkeit?

Unser langer Streik ist die große Chance, sich endlich über die Inhalte unseres Jobs, diese Mischung aus Information und Unterhaltung, den Kopf zu zerbrechen. Den Menschen, den Lesern, ihren Lebensräumen näher zu kommen. Es geht, keine Frage, um die Zukunft, und die Zukunft kann nicht geistiger Discount und Billiglohn heißen, ganz egal, auf welchem technischen Terrain Journalismus stattfindet.

Und jetzt zur großen Kraft des Streiks: Verehrte Kolleginnen und Kollegen, wir beobachten überall gute Ideen und scharfe Aktionen, ich habe das verdammt gute Gefühl, dass wir uns in diesen Tagen auf Dinge besinnen, die wir zwischen Stress und läppischen Ausweichmanövern im journalistischen Design- und Verpackungsbereich vergessen hatten. Endlich, und deshalb müssten im Grunde auch die Verlagsmanager froh sein über diesen Streik, entdecken wir wieder Fantasie und die Möglichkeit, etwas zu machen und zu gestalten, was wir bisher selten getan haben. Wir finden neue Mittel und Wege, uns mitzuteilen und präsent zu sein, in den Straßen, auf den Plätzen der Stadt – wobei uns die Hosentaschentelefone und Manteltaschennotebooks des Digital-Zeitalters eine Menge helfen. Ohne diese Technik, das muss klar sein, wäre der gesamte Protest von heute nicht machbar.

Es ist wie der Groove geiler Musik und ein guter Tritt in den Arsch, wenn man sieht, wie die Kolleginnen und

Kollegen sich zusammenraufen, diskutieren, Projekte erfinden, Action machen. Bei diesem Energieschub kommt der wahre Journalist aus uns heraus, wir treffen Menschen, die Lust haben, etwas zu gestalten und zu organisieren. Es sind Menschen, die den Mut haben, sich zu wehren, wenn es sein muss, auch gegen die Übermacht des Geldes. Und wir könnten ruhig mal zugeben: Viele von uns haben sich gegenseitig bisher nicht gut genug gekannt. Ich ziehe meine Mütze vor denen, die Dinge aus dem Hut zaubern, wie sie bei großspurigen Brainstorming-Meetings in den Redaktionen nie entstanden wären.

Man braucht kein Romantiker zu sein, um dem Wort Solidarität eine existenzielle Bedeutung abzugewinnen. Vielleicht ahnen wir langsam, was dahinter steckt, wenn die Leute in Paris, in Madrid und in Stuttgart auf die Straßen gehen, weil sie es satt haben, von Leuten ignoriert zu werden, die Menschen regieren oder über sie verfügen, ohne das Leben, ohne die Verhältnisse, die Städte dieser Menschen zu kennen. Vielleicht erkennen wir auch, was die Leute leisten, die permanent für demokratische Rechte und humane Ziele kämpfen.

Der Streik ist die große Chance, Fähigkeiten in uns abzurufen, die wir vernachlässigt oder vergessen haben. Streik ist ein Akt der Überwindung, es besteht die Gefahr, den Lebensrhythmus zu verlieren, man braucht einen langen Atem und das Bewusstsein, nur in einer Gemeinschaft stark zu sein. Unsere Streik-Gemeinschaft aber hat eine klare solidarische Botschaft. Die Alten setzen sich für die Jungen ein, weil es den Jungen an den Kragen gehen soll. John Steinbeck, ein schreibender Chronist des Arbeitskampfes, hat gesagt: »Die jüngere Generation ist der Pfeil, die ältere der Bogen.«

Ich würde mich hüten, diese amerikanische Metapher als Kitsch abzutun. Unsere Sache ist voller Pfeil- und Bogenspannung. Wir lernen, dass das Nichtarbeiten der Streikenden Wege zu einer anderen Art von Arbeit öffnet. Kopfarbeit allein – sofern wir das, was wir treiben, so nennen – reicht nicht. Wir müssen ran mit der Hand am Arm, und der Pfeil fegt über den Bildschirm.

Im Streik lernt man etwas über die Anständigkeit zuverlässiger Feinde und die Zweifelhaftigkeit guter Freunde, und da ich John Steinbeck zitiert habe, komme ich nicht umhin, den schlimmsten Feind der amerikanischen Künstler und Freiheitskämpfer zu erwähnen. Zwar wird man mir vorhalten, Jack London sei nicht nur ein großer Erzähler, sondern auch ein Rassist und Schwulenhasser gewesen. Aber ein paar seiner Sätze kann ich mir im Dienste der Sache nicht verkneifen, und ich schwöre bei allen Helden der Arbeit, dass ich aus Jack Londons Repertoire die eher harmlosen Zeilen ausgesucht habe:

»Ein Streikbrecher ist ein aufrecht gehender Zweibeiner mit einer Korkenzieherseele, einem Sumpfhirn und einer Rückgratkombination aus Kleister und Gallert. Wo andere das Herz haben, trägt er eine Geschwulst räudiger Prinzipien. Wenn ein Streikbrecher die Straße entlang geht, wenden die Menschen ihm den Rücken zu, die Engel weinen im Himmel, und selbst der Teufel schließt die Höllenpforte, um ihn nicht hineinzulassen.«

Liebe Kolleginnen und Kollegen, wir Streikenden müssen alles tun, um die Engel und den Teufel bei Laune zu halten.

China Shipping

Es tut gut, mit dem Winter warm zu werden. Die Eises-
kälte bringt Klarheit in die Stadt, und der Himmel ist mit
sich im Reinen. Die bescheuerten Outdoor-Klamotten in
den Straßen scheinen nicht nur Körper, sondern auch
Seelen zu vermummen. Gefrorene Gesichter. Zeit, das
Weite zu suchen. Die Weite öffnet sich am Wasser.

Bevor ich losziehe, sehe ich in der Königstraße einen
Bettler. Sein linker Oberschenkel ist nackt, der Rest des
Beins nicht mehr vorhanden. Zum Aufwärmen besuche
ich die Touristen-Zentrale, auf der Suche nach einem
Zeichen des Respekts vor dem Fluss der Stadt. Ich finde
Stuttgarter Kaffeetassen-Krempel, englischsprachige S-
21-Prospekte mit dem Slogan »The new Heart of Euro-
pe« und Pralinés der Marke Winnender Möpsle. Nach
dem Neckar bellt kein Hund.

Gerade noch rechtzeitig kaufe ich mir beim Kaufhof
eine pelzbesetzte Mütze mit Ohrenklappen für drei Euro
neunundsechzig. Am Nachmittag, erfahre ich später, wird
ein Bandit das Kaufhaus überfallen. Mit der neuen Mütze
sehe ich müde aus, ein Gesicht wie Robert Scott, als er
tot im Schnee lag.

Der Neckarhafen im Revier von Untertürkheim und
Wangen, Obertürkheim und Hedelfingen ist vielen Stutt-
gartern so nahe und vertraut wie der Südpol. West-, Ost-
und Mittelkai sind keine Ausflugsadressen, erst recht
nicht bei der Vorstellung, sein Brot am Wasser zu ver-
dienen. Mehr als dreitausend Menschen arbeiten täglich
in den Reedereien, Speditionen und Lagerfirmen im Hafen.

Dieser Ort ist ein Paradies für Fotografen und Open-
Air-Shows. Eisenbahnschienen ziehen sich über Kilo-

meter am Fluss entlang, und einmal haben wir einen Güterwaggon als Bühne für einen Auftritt meines Flaneursalons benutzt. Metallschrott türmt sich auf, frisst sich in die Kulisse der Weinberge über den Hügeln am Hafen. Wenn die Sonne den Neckar an einem Wintertag silbern glitzern lässt, scheint die Stadt weiter weg als der Mond, der Unbewohnbare. Andy Warhol stand an einem Flussufer im Winterlicht gestanden, als ihm die Idee mit der Discokugel kam. Der Neckar glitzert auch im Sommer, und ich nenne ihn John Silver.

Es gibt drei Hafenbecken am Neckar, sie sind nummeriert, damit kein Fremder durcheinanderkommt, so wie ich beim Anblick der Brücken. Die Otto-Konz-Brücken, 130 Meter lang, verbinden Untertürkheim und Wangen, die Otto-Hirsch-Brücken, 140 Meter lang, Obertürkheim und Hedelfingen.

Der Spaziergänger braucht Zeit, ehe er den Hafen versteht. Er erkundigt sich und erfährt: In den Silos lagern Getreide und Mehl, und wer Glück hat, kann zuschauen, wie beim Verladen tonnenweise Kraftfutter aus einem Riesensack strömt, als sei es flüssig. Vor unseren Augen nimmt der holländische Kahn *DEI Voluntas* Ladung auf, von weitem glänzt sie wie Goldstaub. Nicht alle Nahrungsmittel im Hafen sind für den Transport auf dem Fluss bestimmt. Mehl, Getreide und Kraftfutter in den Silos werden auch für den Katastrophenfall gebunkert; dafür gibt es amtliche Verordnungen, ich weiß allerdings nicht, was sie mir im Notfall gönnen würden, Septemberweizen oder eher Hundefutter.

Die Industrielandschaft des Hafens ist für den neugierigen Menschen anziehender als jede Baustelle, die Event-Krähen mit dämlicher Propaganda als Lebensräume der Zukunft verkaufen, als hätten diese geschichtslosen Analphabeten eine Ahnung vom Morgen.

Von Zeit zu Zeit macht sich im Hafen der krachende, kriegerische Sound der Metal-Branche breit, und die Kräne und Verladebrücken stehen herum, als sei es ihr Job,

Linie in den Krieg der Kräfte und Ordnung in den Wirr-warr der Bilder zu bringen. Es ist nicht leicht an diesem Ort, Stil zu wahren. Mancher alte Backsteinbau muss neuen Wellblechbuden weichen.

Am Neckarufer sind Container gestapelt, riesige Metallwände. Scheinbar ruhen sie direkt am Fuß der Weinberge. Auf den Kisten stehen die Namen von Reedereien. *Lloyd-Hapag, Maersk Sealand, China Shipping*. Der Spaziergänger begreift: Der kleine Neckar mit seiner unbekannten Hafenkulisse führt uns hinaus in die große Welt.

Der Winterwind am Fluss dringt unter die Ohrenklappen meiner Kaufhof-Mütze, und auf den Schienen wird heute kein Zug mehr kommen. Ich ziehe weiter nach Hedelfingen, an die östliche Grenze der Stadt. Am Neckarufer steht das Otto-Hirsch-Center, ein neuer Laden- und Bürokomplex. Wie die Brücken zwischen Untertürkheim und Wangen ist der Bau nach dem großen Sohn der Stadt benannt, nach dem jüdischen Politiker und Juristen Otto Hirsch; 1941 kam er im KZ Mauthausen zu Tode. Er wurde 56 Jahre alt.

Im Asia-Lokal des Hirsch-Centers gehe ich ans Büfett. Das Essen riecht nach einer langen Reise auf der Route von *China Shipping*. Ich hole den Anker ein und ziehe Leine. Ich stehe nicht auf Klärschlamm.

Little Bushido

Es gab Zeiten, da war es spannend und erregend, auf die Straßenbahn zu warten. Das war in den Tagen, bevor sie Video-Beamer in die U-Bahnstationen montierten. Da war einem nichts anderes übriggeblieben, als die letzten intakten Teile des Hirns auf Reise zu schicken. Seit man im Untergrund Video-Nachrichten lesen kann, ist es schwierig geworden, sich die Zeit zu vertreiben und der Dummheit zu entkommen. Dieter Bohlen gibt wieder den Kotzbrocken, Philipp Lahm ist nicht schwul und Paris Hilton wieder berühmt. Erst danach kommt die Bahn.

Neulich saß ich in der Linie 3 neben einigen Wollmützen. Die Jungs schienen sich bei ihrem Auftritt an dem Berliner Rapper und Kinderschreck Bushido zu orientieren, etwa so, wie sich der Schauspieler Johnny Depp den Musiker Keith Richards für seine Rolle als Piratenkapitän zum Vorbild nahm. Bei Bushido, dies für die Freunde des Belcanto, handelt es sich um einen Vertreter der Milupa-Gangsta. Die Berliner *tageszeitung* nannte ihn eine »Dumpfbacke« und einen »furzlangweiligen Kacker«. Deshalb rief der Gangster die Justiz unseres Rechtsstaats an, worauf die *taz* ihre Beleidigungen in verschärfter Form wiederholte, weil sie recht hatte. Jeder Rockstar, jeder Gangsta-Rapper erscheint einem heute furzlangweilig bei der Erinnerung an große Musiker wie Paganini. Ihm hat man nachgesagt, er habe seine Frau ermordet und aus ihrem Darm die G-Saite seiner Geige gefertigt.

Der Dünndarm-Poet Bushido gastierte kurz vor meinem Treffen mit den Wollmützen auf der Freilichtbühne Killesberg. Er führte sich, wie man mir erzählte, auch hinter der Bühne wie ein kleiner Junge auf, der gern ein großer Gangster wäre. Ein Leichtgewicht mit schwerem Dachschaden. Die Jungs aus der Straßenbahn hatten ihn wohl gesehen.

Eine der Wollmützen bespielte unseren Waggon mit seinem Handy. Es war laut, es war Rap, und der Rhythmus gab mir Kraft. Als Bushido jr. hinausging, kürte ich ihn laut und in gutem Schwäbisch zum Ehrenmitglied im globalen Ensemble der Motherfucker Assholes. Seine Augen versprühten daraufhin Feuer, er blieb stehen, als wollte er umkehren und mir zeigen, wer Bushido ist. »Bushido«, hätte ich sagen können, »komm her, du furzlangweiliger Kacker. Hier steht Bruce Willis und macht eine Trillerpfeife aus deinem Darm.«

Ich habe es nicht gesagt, weil ich zwei Tage zuvor beim Fußballtraining den kleinen Finger der linken Hand verstaucht hatte und der Finger trotz intensiver Behandlung mit *Allgäuer Latschenkiefer Arnika extra stark* noch geschwollen war.

Heute habe ich kaum noch Angst vor Gangstern, vor allem nicht, seit ich in eine Horde Kinder geraten bin. Ich saß in der Linie 6 von Möhringen zum Bahnhof, als die Kinder zustiegen. Sie waren laut und wild, und sie erwischten mich auf dem falschen Fuß. Kurz zuvor hatte ich mit meinem Kollegen Herrn Holwein, einem ehrenwerten Kenner der klassischen Musik, im Eifer des Gesprächs die falsche Bahn genommen und eine Ballett-Vorstellung im Opernhaus verpasst.

Die Kinder im Zug brüllten hemmungslos. Sie schrien, bis Herr Holwein, ein gütiger, feinsinniger Mann, wie aus heiterem Himmel brüllte: »Ru-he!« Seltsamerweise verstummten die Kinder schlagartig, als hätte nicht der sanfte Herr Holwein, sondern ich gebrüllt. Nur eines der Kinder flüsterte, gerade so laut, dass ich es hören konnte, seinem Nachbarn ins Ohr. Und jetzt frage ich Sie: Was hat dieses Kind geflüstert? War das Kind ein Bushido? Hat es uns »furzlangweilige Dumpfbacken« geheißen?

Ich sage Ihnen mal was. Womöglich ist die Jugend von

heute wie jede andere vor ihr die dümmste. Aber sie ist klüger, als wir dachten. Das Kind sagte leise, hinter vorgehaltener Hand: »Das ist ein böser Mann« – und zeigte mit dem Finger auf Herrn Holwein. Dieses Urteil klang wie eine moralische Hinrichtung.

Ich musste lachen, und ich lachte laut und dreckig wie Bushido. Erst jetzt schien das Kind auch mich zu sehen, es schaute mich eine Weile an und sagte: »Sind Sie von Beruf Schlagersänger? Oder Sonnenbrillenfabrikant?«

»Nein«, sagte ich und rückte mein Pilotenmodell von Ray Ban zurecht, »ich bin ein ganz normales Arschloch.«

»Okay«, sagte das Kind, »dann sind Sie Dieter Bohlen.«

»Okay«, sagte ich, »ich hab's vermasselt.«

Hier kocht der Chef

Kurz vor fünf ist es dunkel, wenn es regnet in Cannstatt, und in Cannstatt regnet es immer. Ich stehe am Wilhelmsplatz, mitten im Stoßverkehr. Hinter mir und vor mir Autos, bis einem schlecht wird.

Der Cannstatter Wilhelmsplatz ist eine Sternstunde der Stadtplanung. Eine betonierte Depressionsschüssel mit Spielhölle und Fußgängerbrücke, gebaut nach dem Vorbild eines Schafotts. Ich weiß nicht, ob es am Wilhelmsplatz je etwas Besseres zu tun gab, als sich vor die Straßenbahn zu werfen. Denkbar wäre, innerhalb von fünf Minuten die drei nebeneinander liegenden Banken zu überfallen. Die Richtige wäre dabei. In der Ferne kreuzt die Straßenbahnlinie 13 den Platz, sie fährt hinaus nach Giebel. Wann, frage ich mich, war ich zum letzten Mal im Giebel?

Einmal bin ich mit der Bahn nach Giebel gefahren und habe mir Notizen gemacht. Nachdem ich sie ausgewertet hatte, gab es ein Desaster: Ich hatte Giebel mit dem benachbarten Bergheim verwechselt. Man kann nicht eine Kolumne »in der Stadt« nennen und Giebel mit Bergheim verwechseln. Der Salamanderweg und der Froschweg, lassen Sie sich das gesagt sein, sind nicht im Giebel, sondern in Bergheim. Und es heißt nicht IN Giebel, sondern IM Giebel, so wahr wie die Leute IM Raitelsberg und nicht IN Raitelsberg wohnen.

Mein ganzes Leben spulte sich vor meinen Augen ab, als an der Haltestelle die Autos auf mich zurasten. Es regnete, und wenn es regnet, zieht sich am Wilhelmsplatz die Stadt um einen herum zusammen wie ein nasser Sack. Bevor ich an der Haltestelle ankam, hatte ich im Bus gesessen. Wir fuhren an einer Wurstbude vorbei, sie hieß

Chef's Imbissstation. Wer an einer Wurstbude namens *Chef's Imbissstation* mit Apostroph vorbeifährt, merkt schnell, dass etwas nicht stimmt mit diesem Ort.

Ich stehe an der Cannstatter Haltestelle Wilhelmsplatz, es regnet, und als ich die Giebel-Bahn sehe, weiß ich nicht weiter. Was bedeutet »in der Stadt«? Ich denke, es bedeutet, in einer guten Bar zu sitzen. In einer Bar, wie sie der Spaziergänger in der Eberhardstraße in der Nähe des Marktplatzes findet. Der Besitzer hat sie zu Ehren von Marshall Matt Dillon aus der Serie »Rauchende Colts« *Marshall Matt* getauft. Eine Bar mit Kronleuchter, Spiegeln und edlem Holz. Man könnte in einer solchen Bar Frank Sinatra hören, falls man Frank Sinatra kennt und gute Schuhe trägt. Der Gast würde von Damenschuhen träumen, und das wäre etwas anderes, als einer Grillwurst von *Chef's Imbissstation* hinterherzutrauern.

Wenn einer am Cannstatter Wilhelmsplatz beim Blick in den Regen an Frank Sinatra und Damenschuhe in der Kronleuchter-Bar denkt, hat er einen Sprung in der Schüssel. Er leidet an der fernöstlichen Stuttgart-Depression. Was Sie aber nicht wissen können: Dieser Wilhelmsplatz ist nicht das Ende der Pornografie. Es gibt in der Stadt noch scheußlichere Gegenden, und ich meine bei Gott nicht Giebel.

Bevor ich mit dem Bus kam, hatte ich das Gelände vor dem VfB-Stadion aufgesucht. Vor dem Stadion steht ein weiß-rot angemalter Depressionskasten aus Beton, er heißt Carl-Benz-Center und ist mit ortsbezogenen Kneipennamen dekoriert: *Palm Beach*, *Cancón* und so weiter.

In diesem Kirmesbau aus dem insolventen Immobilien-Haus Häussler logiert das VfB-Reha-Zentrum. Dieser Laden ist das Herz des Vereins. Verglichen mit der Stimmung im Club befindet sich diese Fitness-Anstalt verdammt weit oben, im dritten Stock. Dort arbeiten die Ärzte.

Einer dieser Ärzte hat mir sieben Spritzen in den Rücken gerammt und danach in dessen Verlängerung zwei weitere von einer Dame setzen lassen. Ich fühlte mich wie ein gegrillter Schweinebauch in *Chef's Imbissstation*. Später, als ich über das VfB-Gelände humpelte, regnete es, und als ich den Bus sah, sang ich vor Schmerz ein altes Lied, ich sang es hart und laut: »Diese Stadt ist auf Scheiße gebaut . . .«

Wenn der Regen fällt

Der Regen tropft von meinem Hut, er riecht ungewaschen und vermischt sich mit dem Imbissdunst der Straße. Manchmal regnet es einen Sommer lang, bis sich keiner mehr daran erinnert, wie alles angefangen hat. Im Himmel singt Dalida:

Am Tag, als der Regen kam / Lang ersehnt, heiß erfleht / Da erblühten die Bäume / Da erwachten die Träume / Da kamst du . . .

Oft herrscht Zorn auf den Regen, als wäre er ein Wutregen. Ausgerechnet der Regen. Läppisch, wie sich Schönwetterfußballer und Warmduscher benehmen, wenn es sie kalt erwischt. Als hätten sie nie gehört, wie die Dinge laufen: Der Mensch plumpst feucht ins Leben, und wenn er groß ist und ein Herz hat, tanzt er im Regen wie Gene Kelly in Paris und taucht wie eine reife Dame im Bad Berg.

Es ist mir eine Ehre, an schlechten Tagen den Wolken meine Krempe zu bieten, und ich hoffe, sie sind mir nicht böse, wenn ihre Perlen auch mal auf meiner Glatze landen. Eine Wolke, habe ich gelesen, muss sich zehnmal neu bilden, bevor sie einen Tropfen Regen spendet. Würden sich die politischen Wettermacher halb so oft bilden, bevor der Speichel fließt, könnte es nicht so viele dumme Sprüche hageln.

Das Festival »Jazz Open« hat begonnen, in der Stadt spielen Musikanten, und in den Biergärten schauen die Leute Fußball. Der Regen ist nicht der Freund der Open-Air-Events. Ist aber der Sound der City gut, umweht der Wind von Woodstock die Nasen. Die Enkel skandieren im Geiste der Alten »No rain!«, und von den Rängen schwappt die perfekte Dauerwelle. Gott schütze uns.

Womöglich hätte die deutsche Musik bis heute keinen guten Rock'n'Roll-Song hervorgebracht, wäre dem großen Drafi Deutscher nicht in einer feuchten Bar zwischen Marmor, Stein und Eisen die Erleuchtung gekommen:

Weine nicht, wenn der Regen fällt ... Damdam! Damdam!

Und wenn am Morgen Regenfluten die Straßen des Talkessels hinunterstürzen, bevor sich das Wasser friedlich in des bösen Nachbarn Keller sammelt, höre ich von Ferne das wunderbare Lied der Fantastischen Vier: »Ein Tag am Meer«.

Ohne Regen wären wir nichts. Der Regen steht für Fruchtbarkeit und geschieht, wider alle Symbolik und frei nach Raymond Chandler, ein »Mord im Regen«, dann dämpft der Regen die Schüsse und die Schreie. Es gibt viele Verbrechen in der Stadt. Schleierwolken verhüllen den Kessel, bevor der große Geldregen kommt.

Ich gehe ans Fenster. Hinter den Schlieren sehe ich: Im Garten vor dem Haus radelt Paul Newman im Kreis, Katharine Ross, eben erst Robert Redfords Bett entstiegen, reitet auf dem Lenker, und aus den Wolken über dem Westen singt B.J. Thomas den schönste Duschkopf-Titel aller Zeiten: *Raindrops Keep Falling On My Head.*

Kaum ist diese für die Ewigkeit gedrehte Szene aus »Butch Cassidy und Sundance Kid« zu Ende, gehe ich ans Plattenregal, damit Jimi Hendrix singt, als flüsterte der Sommerwind: *Rainy day, dream away / Ah, let the sun take a holiday . .*

Ach, schick die Sonne in Ferien. Das ist gut.

Auch die Festplätze, erotische Kontakthöfe wie der Fischmarkt auf dem Karlsplatz, wären nichts wert, triebe die Angst vor dem Starkregen die Menschen nicht ineinander wie Schafe. Starkregen, lese ich im Lexikon, verursache ein »plötzliches Anschwellen« und führe zu »Erosionen«.

Auf diese Weise erklärt sich Mörikes unheilvolle Sehnsucht bei schlechtem Wetter. Wohl unter starkem Druck hat der Dichter die erste Strophe seines Gedichts »Der Jäger« zu Papier gebracht:

Drei Tage Regen fort und fort / Kein Sonnenschein zur Stunde / Drei Tage lang kein gutes Wort / Aus meiner Liebsten Munde!

Da glaubt man gar, mit nassen Füßen die Beatles zu verstehen: *Wenn der Regen kommt, ziehen sie ihre Köpfe ein, genauso gut könnten sie tot sein,* singt John Lennon in »Rain«. Tot aber bin ich nicht, solange ich spüre, wie der Regen den Rücken hinab in die Hose und in die Kimme fließt. Auch meine Stiefel halten etwas aus, ich lausche John Fogerty, wie er die wichtigste aller Fragen stellt:

Still I wonder, still I wonder – who'll stop the rain?

Keiner weiß, wer den großen Wasserwerfer je stoppen wird. Es pisst bedrohlich in der Stadt. Im Bad Berg sind Immobilienhaie aufgetaucht. Ein Pirat am Neckar spuckt gegen den Wind.

Wenn rot die Rosen blühn

Als alles vorbei war, ging ich nach Luginsland. Es war im Sommer 2001. Die Stuttgarter Kickers hatten sich würdig als Vizemeister von der Saison verabschiedet, der FC Barcelona dem Team von Manchester United die kulturellen Grenzen des Empire aufgezeigt, und auch der Stuttgarter Stadtlauf war vorbei. Die Blaskapellen und das Gejohle am Straßenrand haben mich einst bewogen, doch lieber der Musik der jüngeren Mitbürger zu folgen, jener Marschmusik, die man Techno nennt.

Derart beflügelt, stieg ich in den Vierer nach Untertürkheim, wo der 60er-Bus nach Luginsland wartet. Es wäre vermessen zu sagen, ich hätte eine Ahnung von Luginsland. Das Meiste, was ich weiß, habe ich gelesen, und das ist nicht besonders viel. Ich ging an einem Sonntag nach Luginsland, und wer einen Ort sonntags betritt, hat kein Recht, viel darüber zu sagen. Sonntags sind die Straßen leer, der örtliche Bäcker Mischke und der Kiosk haben geschlossen, die einzigen Stimmen, die ich vernehmen konnte, drangen aus der Gaststätte *Luginsland*.

Es war ein heißer Tag im Mai, ich war schon eine Weile unterwegs, als die Leute in dem Gasthof so laut sangen, dass ich auf der Straße mit einsteigen konnte: *Und wenn rot die Rosen blühn / und die Wiesen sind so grün, / und der Mond sieht unser Glück, / denk' ich oft und gern zurück . . .*

Das sind Zeilen aus dem »Schneewalzer«, und man könnte selbst diesen Rhythmus jederzeit auf Techno umfrisieren, würden nicht gerade eine Dame oder ein Herr im Gasthaus Luginsland den dritten Frühling feiern.

Vielleicht war meine kleine Tour über Untertürkheim hinaus Zufall, vielleicht auch nicht. Wenn die Leute wieder Schneewalzer tanzen werden, schätzungsweise im Dezember, ist es 100 Jahre her, dass die Arbeiter von Daimler und Bosch ihre Genossenschaft in Luginsland gegründet haben – »getragen von Idealismus und Sparwillen«, zur »Verbesserung der Wohnlage«. So steht es geschrieben auf einem Schild in Luginsland, wo dreitausend Bürger neben herrlichen Weinbergen wohnen.

Von der historischen Gartenstadt aus kann ich die Grabkapelle auf dem benachbarten Württemberg sehen, auch den Fernsehturm in Degerloch. Man kann, was erzähle ich da, reichlich schöne Landschaft sehen. Sonst hieße dieser einzigartige Flecken ja nicht Luginsland.

Eine Weile bin ich herumgelaufen, mit großem Respekt. Überall in Luginsland begegnet man Geschichte. Der Geschichte von Aufbruch und Hoffnung, von Terror und Mord. Und dann geht der Spaziergänger in sich, so weit es eben geht, bevor am selben Tag im Internet zu lesen ist, der Oberbürgermeister mache mal wieder gegen die »Radikalen und Anarchisten« einer Stadt mobil, die er für die seine hält.

Als sich die Arbeiter vor hundert Jahren aufmachten, ihre Genossenschaft zu gründen, um menschenwürdige Wohnungen zu schaffen, hat sie zunächst nicht der Klassenkampf getrieben. Der Oberbürgermeister von Stuttgart, Karl Lautenschlager, unterstützte die Idee, und Daimler und Bosch gaben Kredit, damit die Arbeiter sich in Luginsland eine Heimat bauen konnten. Die fortschrittlichen linken Kräfte im Ort waren damals stark, viele schlossen sich dem Widerstand gegen die Nazis an. Ein Kapitel, von dem heute an vielen Stuttgart-Orten Spuren zu finden sind. Am Marienplatz hat man einst gegen die Stimmen der CDU die Else-Himmelheber-Staffel eingerichtet, benannt nach der Lebensgefährtin des Widerstandskämpfers Friedrich Schlotterbeck, dem Sohn von Gotthilf und Maria Schlotterbeck.

Else Himmelheber wurde von den Nazis im KZ ermordet. Elf Mitglieder der antifaschistischen Schlotterbeck-Gruppe fielen Hitlers Vollstreckern zum Opfer. Von diesen Dingen erfährt man dank einer Gedenktafel im Annaweg von Luginsland, wo die Familie Schlotterbeck zu Hause war.

Die Geschichte der Schlotterbecks ist auch die Geschichte von Luginsland, von den Anfängen und Errungenschaften der Genossenschaft. Es gäbe noch viel mehr zu erzählen, von den Töchtern und Söhnen von Luginsland, von Willi Bleicher, dem Gewerkschaftsführer, und von anderen Demokraten. Aber ein Sonntagsspaziergang ist zu kurz, um historisches Gelände auszuleuchten.

Die meisten Häuser von Luginsland gelten heute als Pionierleistung der Architektur, viele wurden im Zweiten Weltkrieg zerstört und danach wieder aufgebaut. Heute flaniere ich durch ein schönes Stück Klein-Stuttgart, und unterwegs denke ich mir: Wenn man nur ein wenig herumläuft und herumschaut in der Stadt, relativieren sich die Dinge. Es gibt ein ehrenwertes, nicht sehr bekanntes Stuttgart, und wer dieses Stuttgart für sich entdeckt, hat wenig Respekt vor denen, die es zu besitzen glauben. Es war auch die Marschmusik der Marathonmeute, die mich getrieben hat, das Weite und diesen schönen Zipfel der Stadt zu suchen.

Das Kapitel Schmälzle

Aus der Altstadt kommt selten eine gute Nachricht. Zwei Tage vor dem Jahreswechsel 2011 hatte ich im *Brunnen-wirt* am Leonhardsplatz zu Mittag gegessen, bevor ich um die Ecke ging, zum Bäcker Schmälzle in der Haupt-stätter Straße. Wie immer in der jüngeren Vergangenheit hatten Laden und Café bereits am Nachmittag geschlossen, aber die Haustür stand offen, die Schmälzles waren da. Nach getaner Arbeit gab es viel zu tun. Die Abwicklung stand bevor.

Am Morgen des 31. Dezember würde Helga Schmälze, 57, noch einmal Brezeln über die Theke reichen, extragroße Neujahrs-Brezeln, wie sie ihr Mann Georg, 60, seit jeher zu Silvester gebacken hat. Sie würde der Kundschaft ein glückliches neues Jahr wünschen und sich verabschieden. Für die meisten würde die Nachricht überraschend kommen, es würde Tränen geben, vielleicht auch ein letztes befreites Lächeln.

Es ist ein milder Wintertag im Dezember 2011, als ich den Schmälzles alles Gute wünsche, wohl wissend, dass die guten Tage im Viertel Geschichte sind. Der Bäcker begleitet mich hinaus auf die Hauptstätter Straße, die nicht mehr die Seine ist. Georg ist auf dem Kiez geboren, ein Altstadtjunge, der man sein Leben lang bleibt. Zum Abschied gibt er mir ein paar Anekdoten mit auf den Weg, auch die, die keinen etwas angehen. Am Vormittag des 31. Dezember würde er das Geschäft für immer schließen. 1948 hatte es Georgs Vater Hans-Georg vom Bäckermeister Wilhelm Göller übernommen. Ab 1972 baute es der Sohn mit seiner Frau Helga zu einer Altstadt-Oase aus, wie es sie nicht mehr geben wird.

Das Leonhardsviertel ist voller Geschichten. Im

»Städtle«– so nennt man das Quartier zwischen Pfarr-straße und Wilhelmsplatz – stehen denkmalgeschützte Häuser, ihre Architektur reicht zurück bis ins 17. Jahr-hundert. Für die Politiker im Rathaus, nur einen Stein-wurf entfernt, war der Denkmalschutz nie ein Grund, sich um die vergessene City zu kümmern. Hauptsache, die Autos hatten Platz. Man hat die Gegend mit Autobahnen tranchiert, sie mutwillig verkommen lassen.

Heute sind die Schmälzles eine Legende, als tragende Figuren einer Ära, die keiner vergisst, der dabei gewesen ist. Damals, als leicht gekleidete Damen auf der Straße unsichtbar grüßten, wenn »d'r Beck« seine Brezeln im Korb austrug. Als Herren in guten Anzügen unauffällig Zeichen gaben, was ihnen heute munden könnte. Ein Schwarzwälder Törtchen vielleicht, zu einem Tässchen Kaffee mit Cognac.

Schon in den siebziger Jahren waren die Schmälzles ei-ne Institution. Damals war es zappenduster in der Stadt. Für gängige Lokale galt die strenge Polizeistunde. Zap-fenstreich um Mitternacht, schlimmer als in der tiefsten Provinz. Geübte Durchhänger im Viertel retteten sich bis zwei Uhr in die *Weinstube Widmer* in der Leonhardstraße (heute *Weinstube Fröhlich*) und eine weitere Stunde in die Milieu-Zentrale *Brunnenwirt*, ehe sie widerwillig die Straßenseite wechselten, um sich bis vier Uhr in der Dis-co *AT* am Hirschbuckel und bis fünf in der Strip-Bar *Balzac* (heute *Champain*) beim Rathaus zu verkriechen.

Dann klaffte ein Loch. Die wenigen Frühlokale, lie-benswerte, heute nicht mehr denkbare Sammelsurium-Kaschemmen für Reiche und Heimatlose, Schöngeister und Banditen, öffneten erst um sechs.

Auch im *Café Schmälzle*, einem winzigen Hinterzim-mer mit Bienenkorb-Intimität, gingen morgens um sechs die Lichter an. Zuvor hatte der Bäcker gute eigene Bre-zeln zubereitet, nicht das Industriezeugs aus den Papp-kartons, und nebenbei den Mondsüchtigen das Leben ge-rettet. Auf Klopfzeichen reichte er aus seiner Backstube

im ersten Stock über der Wendeltreppe heiße Schinken-
hörnchen. Gebäck mit Gurken- und Krautfüllung, sehr
fein und gut fettig, um die Not der Nacht zu lindern.

Punkt sechs versammelten sich Professoren und Penner, große Dichter und kleine Lichter im Café Schmälze,
alle in der Absicht, die Welt zu retten, sie aus den Angeln
zu heben oder definitiv den welthaltigen Roman zu
schreiben. Das Schmälzle blieb immer unbeschadet, auch
wenn die Altstadtguerilla im Kampf gegen sich und die
guten Sitten auf den Tischen tanzte und böse Lieder sang,
bevor Beziehungen in die Brüche gingen und dank
Schmälze wieder gekittet wurden.

In solchen Stunden war die Freiheit groß und
Schmälzles Wohnzimmer neutrales Gelände. Jeder Gast
genoss Immunität. Keine Polizeistreife, im Viertel nur
»Schmier« genannt, wäre auf die Idee gekommen, einen
der üblichen Verdächtigen auf dem Hoheitsgebiet der
humanen, toleranten Bäckerfamilie festzunehmen. Kein
Bulle hatte so wenig Anstand, vor den Augen der stets
gütigen, freundlichen Frau Schmälze mit Handschellen
herumzufuchteln oder einen Obdachlosen abzuführen.

Ende des vorigen Jahrtausends hängte der Bäcker
Schmälzle letztmals das Plakat mit der Aufschrift »Das
freundliche Stück Altstadt zwischen Wilhelmsplatz und
Gustav-Siegle-Haus« in seinen Laden. Als in der Nachbarschaft der Goldschmied, der Optiker, der Buchhänd-
ler, der Obsthändler, der Käsehändler und der Metzger
ihr Geld verdienten. Als die Handwerker noch einmal
zum »Hoffest« in die Hinterhofkulisse luden.

Das Milieu hatte sich verändert seit Ende der siebziger
Jahre. Die Achtziger warfen die Schatten der Verelen-
dung auf das Leonhardsviertel, und in den Neunzigern
gingen die Rotlichter der Glanzzeiten vollends aus.

Die regional gesteuerte Kleinzuhälterei wich einer international gemanagten Prostitution. Heute herrscht eine
neue Form der Brutalität im Viertel. Auf der Straße stehen die Huren des Elends.

Helga und Georg Schmälze gaben ihr Geschäft auf in der Absicht, auch ihre Wohnung zu verlassen. Sie hatten genug geschuftet. Und genug von ihrem Viertel. Die Altstadt, sagten sie, sei ihnen fremd geworden. Nicht mehr viele in der Nachbarschaft sprechen ihre Sprache.

Die Gerätschaften der Backstube werden verschrottet. Was danach kommt, weiß man nicht. Das Haus gehört der Stadt. Zur gleichen Zeit, als die Bäckerei geschlossen wurde, teilten Stadträte der Grünen ernsthaft mit, sie hätten »zur Aufwertung« des Rotlichtviertels ein »Beleuchtungskonzept für die Straßen« beantragt.

Das ist gut. Wenn die Schmälzles, zwei der letzten Zeugen einer Stuttgarter Ära, ihr Haus verlassen, muss sich der Altstadt-Chor versammeln und zu den Leuchten im Rathaus hinübersingen:

Ich geh' mit meiner Laterne / Und meine Laterne mit mir. / Dort oben leuchten die Sterne / Und unten leuchten wir. / Mein Licht ist aus, / Ich geh' nach Haus, / Rabimmel, rabammel, rabum.

Es war heiß

Seit Jahrzehnten schwimme und schwitze ich im Bad Berg; dort sind die Saunen für Männer und Frauen getrennt. Eines Tages verirrte ich mich in eine andere Badeanstalt, und das ging schief:

Es war schwül, die Luft schneidend, meine Haut brannte. Wenn ich atmete, hatte ich das Gefühl, Feuer zu schlucken. Ich liebe Feuerschlucker, weil ich den Zirkus und das Varieté liebe. An diesem Tag aber hasste ich Feuerschlucker. Sie müssen verrückt sein, wenn sie Brennstoff saufen und ihn anzünden. Meine Lungen schmerzten, die Zigaretten hatten sie längst zerstört.

Als mir der Schweiß zum ersten Mal ausbrach, schaute ich zur Decke, als wartete ich auf eine Regenwolke. Beim nächsten Mal hob ich den rechten Arm und prüfte, ob ich unter der Achsel röche. Ich wäre, auch wenn es der Natur des Rituals widersprach, am liebsten allein gewesen. Manchmal ist es gut, allein zu sein.

Ich wollte nicht, dass sie sieht, wie ich schwitze. Männerschweiß ist anders als Frauenschweiß. »Man kann in dieser Bruchbude keinem trauen«, sagte sie, und ihre Stimme klang tief und rau.

Ich sah auf mein Handtuch. Ob es nicht besser wäre, meinen Unterleib zu bedecken, wenigstens das Gemächt, wenn ich hier säße, unfähig, etwas zu sagen. Ich war neu hier. Verstört. Was hätte ich sagen können. Ich schwitze nicht vor Angst, hätte ich lügen können, ich schwitze, weil es heiß ist und ich erkältet bin und krank vom Leben.

»Wie lange denn noch«, sagte sie, und ihre Stimme war tief und rau.

Mein Gott, dachte ich, du musst etwas sagen, es gibt

nichts Peinlicheres, als auf dein Gemächt zu starren, ihr nicht ein einziges Mal in die Augen zu schauen oder ein Kompliment zu machen. Du bist nicht am Ende, redete ich mir ein, reiß dich zusammen, du bist ein Mann in guten Jahren. Lade sie auf einen Drink ein, sag ihr, es täte gut, einen Drink zu nehmen, wenn das alles hier vorbei sei.

»Früher gab es hier noch Männer«, sagte sie, und sie hustete.

Die Uhr lief, und sie lief gegen mich, das wusste ich. Hin und wieder holte ich tief Atem, nur um anzudeuten, es ginge mir nicht gut. Wahrscheinlich hat hier seit einer Ewigkeit keiner mehr gelüftet, wollte ich sagen. Nimm es mir nicht übel, wollte ich ihr sagen, sei mir nicht böse, das ist heute nicht mein Tag, das geht vorbei, alles geht vorbei. Was, um Gottes willen, hätte ich sagen sollen. Dass ich in New York in der Oper gewesen war, in Marseille in der Fremdenlegion, auf der Waldau bei den Stuttgarter Kickers. Ein paar laute Angebersätze, damit sie nicht merkte, wie mein Angstschweiß floss.

Wenn ich redete, würde ich nicht länger auf mein Gemächt starren, womöglich könnte sie übersehen, in welchem Zustand es war. Am liebsten wäre ich weggerannt.

»Sie könnten sich ruhig mal rasieren«, sagte sie.

Sie begann sich zu streicheln, den Hals, die Schultern. Wenn sie mit den Händen die Haut ihres tätowierten Körpers rieb, konnte ich hören, wie ihre Haut ölig schmatzte. Ich hatte Angst, ihr zuzuschauen, auch wenn es sie nicht zu stören schien, wenn ich ihr zuschaute, wie sie sich betatschte, ihre Schenkel, ihre Waden, ihre Füße. Sie schien es zu genießen, wenn ich meinen Kopf für ein paar Sekunden nach links drehte, um sie zu beobachten, wie sie sich schmatzend massierte, erst mit einer, dann mit beiden Händen. Je länger sie sich massierte, desto öfter schaute sie auf die Uhr.

»Tun Sie endlich was«, sagte sie, »oder sind Sie kein Kerl?«

Ich spürte, wie der Schweiß durch mein Handtuch drang. Wenn ich mich bewegte, sähe man die Pfütze, wo ich gesessen hatte. Ich blieb sitzen, rührte mich nicht und schaute zu, wie sich ihre Brüste hoben, als sie mir in die Augen sah. Ich kannte nicht mal ihren Namen.

»Mit mir können Sie«, sagte sie ... sie kam nicht weiter. Jemand stieß krachend die Tür auf.

»Mit mir können Sie das nicht machen«, sagte sie. Ihr Sound klang hart, und sie leckte ihre aufgespritzten Lippen. »Die können mich mal. Eine Schweinerei. Der verdammte Aufguss kommt schon wieder fünf Minuten zu spät.« Sie stand auf und packte ihr Handtuch.

Als sie zur Tür ging, sah ich, dass er eine Badehose trug.

Viva Vulva

Meinen Taschencomputer hatte ich bereits eingepackt, ich wollte verreisen. Mit der Bahn nach Norden, hinauf zum alten Messegelände, zur Kunstakademie am Weißenhof. Dann aber blieb ich im Büro hängen, das war schade. Es war ein Sommertag, und er war heiß.

An der Kunstakademie, das habe ich in dem Buch »Stuttgart zu Fuß« gelesen, hat 1968 das erste »Sextribunal« auf Stuttgarter Boden stattgefunden. Leider konnte ich daran nicht teilnehmen. 1968 war ich in einem Alter, in dem man ständig von Liebe träumt, sie aber pausenlos nur mit sich selber macht.

Zum »Sextribunal« in der Kunstakademie durfte nur, heißt es in der Chronik, »wer durch ein riesiges weibliches Geschlechtsorgan, von Bildhauerstudenten gestaltet, in den Saal eindrang«. Das weibliche Geschlechtsorgan nennt man, wenn ich im Biologieunterricht richtig zugehört habe, Vulva. Manche Leute, habe ich in frauenbejahenden Schriften gelesen, verwechseln Vulva mit Vagina. Dieses Thema aber ist zu kompliziert für einen Mann, der nicht mal weiß, aus welchen Einzelteilen sein Gemächt besteht. Deshalb kann ich heute nur vermuten, welche Art von Pforte zum »Sextribunal« geführt hat.

Zwar wäre es einfach, bei Zeitzeugen, die durch das Geschlechtsorgan in die Lustgrotte der Akademie eingedrungen sind, nachzufragen, wie das Tor zum Jüngsten Gericht gestaltet war; einige der Desperados von damals leben noch. Doch überlasse ich die Angelegenheit lieber der Fantasie.

Als Zeitgenosse ohne Talent für die bildende Kunst stelle ich mir das Entree von 1968 so ähnlich vor wie den Eingang des Hamburger Kiez-Lokals *Ritze* auf St. Pauli.

Im Keller dieses Etablissements haben große Boxer trainiert, und nicht nur ihnen zu Ehren wurden am Haupteingang die Flügel einer Schwingtür mit Damenoberschenkeln bemalt. Auf diese Weise nimmt der Gast beim Betreten der Bar den umgekehrten Weg, auf dem er zur Welt gekommen ist. Das verschafft ihm Flügel.

Sollte die *Ritze* heute in der Welt berühmter sein als die Stuttgarter Kunstakademie, wäre das nicht gerecht. Die Staatliche Akademie der Bildenden Künste feierte 2011 ihren 250. Geburtstag. Im gleichen Jahr starb der legendärer *Ritze*-Wirt Hanne Klein mit 79 Jahren.

Baden-Württembergs größte Kunsthochschule wurde 1761 gegründet. Herzog Carl Eugen war der Wohltäter. Auf den Weißenhof kam die Akademie erst Anfang des vorigen Jahrhunderts. Die Kunsthochschule über dem Talkessel birgt große Geheimnisse. Bis heute kann ich ihren Einfluss auf das Leben in der Stadt nicht einschätzen. Vor langer Zeit habe ich zwar einige Feste der Akademie besucht. In diesen Nächten wurden aber selten Getränke zur Stärkung des Gedächtnisses gereicht.

Weiß der Teufel, wer an der Aka alles aus und ein gegangen ist. Der Maler, Zeichner und Dichter Robert Gernhardt (1937 bis 2006) studierte bereits 1956 auf dem Weißenhof, aber das können heute nicht mehr viele wissen. War ja gestern. 2011 präsentierte das Kunstmuseum am Schlossplatz das Werk des Luxemburger Künstlers Michel Majerus; er hatte in den Achtzigern in Stuttgart studiert, bei K.R.H. Sonderborg und Joseph Kosuth (dem wir das leuchtende Hegel-Zitat am Bonatz-Bau verdanken). 2002 starb Majerus bei einem Flugzeugabsturz. Eine seiner Arbeiten im Kunstmuseum erinnerte an die Satirezeitschrift *Pardon*. Es war der große Satiriker und Mensch Robert Gernhardt, der viel dazu beigetragen hat, *Pardon* legendär zu machen. Einer seiner Aka-Freunde war sein berühmter Kollege F.W. Bernstein. Herr Bernstein ist 1938 in Göppingen geboren und heißt eigentlich Fritz Weigle. Als er 1975 Robert Gernhardt an der Kunstakademie traf, war das für den deutschen Humor so wichtig wie die Liverpooler Begegnung von John Lennon und Paul McCartney für die britische Popmusik. Es kommt einiges zusammen, auf dem Weißenhof.

Womöglich hat das »Sextribunal« in den Sechzigern Spuren in der Stadt hinterlassen. Auf femininem Gebiet sind die Stuttgarter seit jeher feinfühlig. Als man sieben Jahre vor dem »Sextribunal«, zur Bundesgartenschau 1961, Henry Moores Frauenskulptur »Draped Reclining Woman« vor dem neuen Landtag im Schlossgarten aufstellte, erwachte der Wutbürger. Der Frauenkopf, protestierten fortschrittliche Kräfte, sei allein schon äußerlich zu klein geraten. Keine Stuttgarter Dame besitze vom Hals an aufwärts Ähnlichkeiten mit Henry Moores Schöpfung.

Prompt ließ die Staatsmacht die Skulptur vom Landtagsgelände entfernen und vor dem Kunstgebäude am Schlossplatz aufstellen. Motto: Der Moore hat seine Schuldigkeit nicht getan, der Moore kann gehen. Doch auch in der schützenden Aura des *Goldenen Hirsches* erschien den Großkopfeten aus der Politik der Frauenschädel zu mickrig. Deshalb verfrachtete man ihn 1981 vor die Neue Staatsgalerie, wohl in der Hoffnung, er werde der Guillotine des Geschmackstribunals speziell an diesem Ort entgehen. Erstens hatte der Architekt James Stirling, ein britischer Landsmann von Henry Moore, das Museum bereits mit giftgrünem Noppenboden versaut. Zweitens kam es im Dunstkreis zeitgenössischer Kunst auf eine Schande mehr oder weniger nicht an. Schließlich war in der Staatsgalerie auch Picasso ausgestellt, ein Künstler, dessen Frauenbilder sich weder vorne noch hinten an schwäbischen Modellen orientierten.

Angesichts dieses kleinen Ausschnitts aus der Stuttgarter Kunstgeschichte grenzt es an ein Wunder, dass die Akademie 250 Jahre lang in der Stadt überlebt hat. Glückwunsch und Viva Vulva.

Der Sarg von Heslach

Heslach am Morgen ist eine schöne Sache, wenn es darum geht, einen Zipfel der Stadt zu erkunden. Und Herumgehen in Heslach ist eine Möglichkeit, nicht ahnungslos zu sterben. Am Bihlplatz, Ecke Böblinger Straße/Benckendorffstraße, steige ich aus der Straßenbahn. Wie immer parkt der Grill-Hähnchen-Express vor der Kreuzkirche. Auch tote Hühner hoffen auf den Himmel. An der Ecke ist der Blumenladen *Veilchen*, der spirituelle Geschäftspartner des Bestattungsdienstes *Die weiße Lilie*. Im Schaufenster der *Lilie* steht ein offener weißer Sarg, mit Wasser gefüllt, mit sprudelndem Springbrunnen und weißen Lilien dekoriert. Dieses lustige Ensemble sieht aus, als könnte nach dem Tod alles weitergehen, auf einer Party im Feuchtgebiet Heslach.

Ich hätte nichts dagegen, in Heslach den Löffel abzugeben, sähe Heslach dann noch aus, wie es heute aussieht in den Vierteln, in denen Menschen mit Fantasie und Lebenslust wohnen. Vor meinem Abgang würde ich eine gewaltige Shopping-Tour starten, um auf dem Friedhof an der Benckendorffstraße nicht mit leeren Händen dazuliegen. Es gibt wenige Dinge auf der Welt, die es nicht in Heslach zu kaufen gibt. Beim *Hut-Vogel* in der Böblinger Straße hole ich mir eine Schildmütze. Wer vor der Heslacher Lilie steht, muss eine Mütze vom Hut-Vogel haben. Was sonst könnte ich vor einem Sarg mit Springbrunnen ziehen?

Die Böblinger Straße ist ein langes Stück Stuttgarter Süden, eine asphaltierte Endloswurst voller Wunder. Müsste ich nicht meinen kleinen Computer Fink und mein gummiertes Fernglas von Nikon mit mir herumschleppen, wäre ich längst beim *Elektro-Schwerdtner* in der Nähe des Marienplatzes eingekehrt. Dieser Laden bietet alles, was ein Mann am Morgen braucht. Espresso-Kanne, Zahnbürste, sechs Meter breite Flachbildschirme. Und bevor ich für immer in der Wasserkiste absaufe, werde ich mir Schwerdtners tragbaren Plattenspieler mit Radio und USB-Stick für 99 Euro kaufen. Der Türsteher wird staunen, wenn ich an die Pforte klopfe: »Grüß Gott, Petrus, leg *Highway To Hell* auf. Die toten Hühner von Heslach wollen tanzen.«

Es gibt schöne alte Häuser in Heslach. Der Spaziergänger erfreut sich an Backstein und Fachwerk wie in der Taubenstraße. In Heslach haben Wirtshäuser mit alten Namen geöffnet, und bis auf den heutigen Tag hat sich keiner getraut, die Kneipenschilder mit Schriftkorrekturen pornografisch zu versauen. Bis heute heißt der *Fiaker* Fiaker und die *Alte Hupe* Alte Hupe.

Leider kann der Spaziergänger nicht in die Häuser hineinhorchen. Manche Häuser in Heslach sehen aus, als hätten sie viel zu erzählen. Vielleicht ist es besser, man fragt sie nicht und ist zufrieden, weil es sie noch gibt.

Ich weiß, dass sich in Heslach Vampire herumtreiben, und ich meine nicht nur die Blutsauger aus der Immobilien-Branche. Ja, Paolos schönes altes Ristorante haben sie weggemacht und stattdessen einen Allerweltsbau mit integriertem Bäckerei-Imbiss hingestellt.

Doch überall in Heslach gibt es Zeichen vom Leben nach dem Tod. Nicht weit vom Bäcker namens *Metzger*, gleich neben dem Metzger *Aicheler*, kommt der Spaziergänger an den weithin berühmten Schaufenstern vorbei, die sich schon erstaunlich lange halten. Links die revolutionäre Erkenntnis des Bestattungsunternehmens *Weiße Lilie*: »Auch der Tod gehört zum Leben.« Rechts daneben die hoffnungsfrohe Werbung einer kleinen Stadtteilzeitung: *Lebendiger Süden*. Ich würde die Botschaften mit gutem Gewissen zusammenfassen: »Im Süden ist der Tod lebendig.« Und im Sommer treibt er es mit uns im Wasserbett.

Diese Dinge lernt man beim Spazierengehen, dieser schönsten Art von Fortschritt. Irgendwann muss ich innehalten, um über mein Vorwärtskommen in unserer fortschrittlichen Stadt zu berichten. Als ich diese Zeilen tippe, sitze ich, Heslach südlich hinter mir, unter einem Sonnenschirm an der Hauptstätter Straße. Westwärts scheint ein Orkan zu toben. Martinshörner sind zu hören. Hinter mir rattert der Pressluftbohrer vor einem eingerüsteten Haus. Neben mir schnattern, den Strohhalm ihrer Latte zwischen den Lippen, drei aufgeheizte Kaffeehaus-Damen mit Stöpseln in den Ohren. Wie erregend wäre es, in einem Sarg voll Champagner zu liegen und davonzuschwimmen. Doch so leicht kommt keiner raus, aus dem Höllenlärm der Stadtautobahn.

Winnetou darf nicht sterben

Anfang der sechziger Jahre hatten wir zu Hause auf unserem Dorf noch keinen Fernseher. Ich war deshalb Tag und Nacht damit beschäftigt, Karl Mays Gesamtwerk in der Absicht zu studieren, dem Elend der Provinz als Cowboy davonzureiten. Als »Der Schatz im Silbersee« auch im Kino unserer benachbarten Kleinstadt lief, ging mir auf, warum sich Lex Barker und Pierre Brice als Old Shatterhand und Winnetou nicht einen Deut von den Helden meiner Bücher unterschieden: Nie zuvor war ein so wahres Buch so wahrheitsgetreu verfilmt worden.

Es war nur eine Frage der Zeit, bis mir der echte Shatterhand über den Weg laufen musste. Wenn nicht in Amerika, so an einem Eisenbahngleis an der Rems. Umso mehr staunte ich, als sich kaum ein halbes Jahrhundert später nicht Karl Mays Westmann Shatterhand via Internet bei mir meldete, sondern sein alter Orient-Ego Kara Ben Nemsi. Zu dieser Zeit, gut 30 Paar Cowboystiefel später, hatte ich mich bereits aus dem Karl-May-Studium zurückgezogen. Erst als mir im März 2012 ein Bahnhofs-Barbier in Istanbul sein Rasiermesser an die Kehle setzte, fiel mir Kara Ben Nemsis Schreiben wieder ein.

Zurück in Stuttgart, bat ich eine befreundete Fährtensucherin, seine Spur im Internet aufzunehmen. Der Online-Kommentator Kara Ben Nemsi Effendi entpuppte sich als Werner Geilsdörfer. Zwar kein Banditenjäger, arbeitet er doch als Diplomverwaltungswirt im Stuttgarter Amt für Stadtplanung und Stadterneuerung, ein Job, der mir aus kriminalistischer Sicht nicht weniger hart erscheint.

Keine Viertelstunde nachdem ich mit G. via Taschentelefon Kontakt aufgenommen hatte, sprach mich am

Hans-im-Glück-Brunnen ein unbekannter Mann an, zufällig gingen wir ins selbe Lokal. Es war Kara Ben Nemsi Effendi. Schnell waren wir uns einig, dass es Karl May in den Ewigen Jagdgründen gewesen sein musste, der kurz vor den Feierlichkeiten zu seinem 100. Todestag unser Treffen arrangierte. Ohne G. hätte ich nie von dieser Beinahe-Katastrophe gehört: Womöglich gäbe es heute kein Karl-May-Buch mehr zu kaufen, hätte der Schriftsteller nicht am 27. Juli 1911 einige Stunden im Hotel Marquardt zu Stuttgart verbracht. Das Hotel lag neben dem damaligen Hauptbahnhof in der Schlossstraße, heute Bolzstraße. Karl May war unterwegs von Überlingen nach Dresden; er kannte Stuttgart. Die Druckerei Felix Krais in der Rotebühlstraße hatte seine Bücher produziert, auch die ersten 33 Bände des im Verlag Friedrich Ernst Fehsenfeld erschienenen Gesamtwerks.

Karl May übernachtete regelmäßig im Marquardt. Über das international berühmte Haus hatte ich im März 2011 einige Anekdoten zusammengestellt. Daraufhin schilderte mir Kara Ben Nemsi Effendi die Hintergründe von Karl Mays Stuttgart-Besuch:

Im Sommer 1911, ein Dreivierteljahr vor seinem Tod, trifft sich der Schriftsteller im Hotel Marquardt mit dem jungen Juristen Dr. Euchar Albrecht Schmid. Der Anwalt hat Karl May zuvor bereits in der »Villa Shatterhand« in Radebeul besucht, der Autor befindet sich in einer Krise. »Der bis 1899 beliebteste und meistgelesene deutsche Schriftsteller sah sich dreizehn Jahre lang einer dubiosen Verleumdungskampagne durch Presse und Prozesse ausgesetzt, die sein Ansehen bei der Leserschaft vernichteten und die Absatzzahlen seiner Bücher auf den Nullpunkt brachten«, schrieb Geilsdörfer. »Sein Verleger Friedrich Ernst Fehsenfeld wollte sich von ihm distanzieren, und der Name Karl Mays wäre unter diesen Umständen heute für niemanden mehr ein Begriff. Bei jener Unterhaltung im Hotel Marquardt äußert der Schriftsteller gegenüber dem Juristen Dr. Schmid den Wunsch: ›Sie sollten mein

Verleger werden.‹ Es war dieses Anliegen Karl Mays, das Dr. Schmid 1913 bewog, das große Unternehmerrisiko einzugehen und den Karl-May-Verlag in Radebeul zu gründen, einen Verlag für einen einzigen Autor. Sein Mut wurde belohnt. Die Kraft im Werk Karl Mays konnte durch die Verleumdungskampagne nicht völlig vernichtet werden, und Schmid diente als Katalysator, der der Nachwelt das Werk Karl Mays bis zum heutigen Tag erhalten hat.«

Aus dieser Sicht muss die Weltgeschichte neu geschrieben werden. Denn ohne das Marquardt-Treffen der Herren May und Schmid wäre Kara Ben Nemsi heute genauso vergessen wie Shatterhand und Winnetou.

Daneben hätte die Kinogeschichte nicht nur auf denkwürdige Triumphe der Schauspielkunst verzichten müssen. Sie wäre auch um viele krepierte Filmpferde und zahllose zu Tränen gerührte Kinobesucher ärmer. Denn erst der Stuttgarter Hotel-Deal schuf die Basis für weitere Karl-May-Kapitel. Der deutsche Fernsehzuschauer ist ihnen bis heute ausgesetzt.

Fünfzig Jahre nach dem Tod des Schriftstellers, am 12. Dezember 1962, wird im Stuttgarter Lichtspieltheater *Universum* in der unteren Königstraße der erste Karl-May-Film uraufgeführt: »Der Schatz im Silbersee« mit Lex Barker als Old Shatterhand, Pierre Brice als Winnetou, Ralf Wolter als Sam Hawkens; in weiteren Rollen Götz George, Karin Dor, Marianne Hoppe. Regie führt Harald Reinl. Die grandiose Musik hat Martin Böttcher komponiert.

Im *Universum* fiebern tausend Gäste der Weltpremiere entgegen. Das Zeitalter der Groupies ist bereits angebrochen, und als der Fahrer Pierre Brice zum Kino kutschiert, demolieren weiße Schwestern die Limousine des roten Bruders, der vorzugsweise Französisch spricht. Zum Glück lebt er noch und verkündet der Welt: Winnetou darf nicht sterben. Falls doch, wird er in Stuttgart begraben.

Kippe im Eimer

Erinnerungen an den Club Voltaire

Der Begriff Achtundsechziger ist Unsinn. Mit welchem Recht könnte man den Altlinken Peter Grohmann heute einen Achtundsechziger nennen? Als ihm 1968 in der Stuttgarter Altstadt ein gewisser Joschka Fischer begegnet, steht Grohmann bereits seit einem Jahr auf der falschen Seite. Fischer ist 1948 geboren, Grohmann 1937, und die APO hat sein politisches Todesurteil gefällt: »Trau keinem über 30.«

1968 bekämpfen sich in Stuttgart Mündel und Vormund im Krieg der Generationen. Es ist ein paar Tage her. Wenn der verkrachte Gymnasiast und spätere Außenminister Joschka Fischer seine ersten Seminare in Marxismus, Jazz und Sexuelle Befreiung besuchte, musste er an Huren und Zuhältern vorbei. Mitten im Stuttgarter Rotlichtviertel, in der Leonhardstraße 8, war der *Club Voltaire*. Die Nummer war später ein Puff.

Als Peter Grohmann und seine linken Freunde 1964 nach Frankfurter Vorbild ihren politisch-literarischen *Club Voltaire* gründen und den Laden ein Jahr später eröffnen, gehört das Haus dem Plieninger Bäcker Fröschle. Der schaut sich seine Mieter genau an. Mit dem Strich haben sie nichts zu tun. Sie sind auch keine suspekten Studenten oder langhaarigen Gammler. Sie überzeugen als disziplinierte Arbeiter. Grohmann ist Schriftsetzer, Genosse Willi Hoss Schweißer beim Daimler, ihr intellektueller Kopf Fritz Lamm Angestellter und Betriebsrat der *Stuttgarter Zeitung*.

Gut, dass Willi Hoss schweißen kann. Bedingt legal baut er beim Daimler eine eiserne Wendeltreppe, um im

Club Voltaire die Verbindung zwischen der Bühne im Keller und der Kneipe im Erdgeschoss herzustellen. Werner Schretzmeier, Jahrgang 1944, tritt in den Sechzigern mit seinem Schorndorfer Kabarett *Die Widerständler* im Keller auf, die Treppe hat er bis heute vor Augen: »Dieses Monstrum hat den kompletten Raum geprägt, es war nur zwei Meter von der Bühne weg. Ständig gingen Leute rauf und runter, es war sehr schwierig, sich zu konzentrieren.«

Das Auf und Ab im roten Domizil des Rotlichtviertels ist symptomatisch. Alles ist in Bewegung. Während Schretzmeiers Truppe mit schwarzen Rollkragenpullis und dunklen Brillen in Uni-Städten wie Tübingen oder Freiburg auf respektvolles Theaterpublikum trifft, herrscht in Stuttgart bereits antiautoritäre Dynamik.

Einer der Unruhestifter in diesem Milieu ist Joschka Fischer, als Sohn eines ungarndeutschen Metzgers in Oeffingen gelandet. 1965 hat Joschka das Cannstatter Daimler-Gymnasium abgebrochen, er beginnt in Fellbach eine Fotografenlehre, lässt sich aber vorwiegend im *Club Voltaire* ausbilden. Er ist 17, als alles anfängt. »Joschka Fischers Wurzeln wurden in Stuttgart gelegt. Diese Zeit hat ihn politisch geprägt«, sagt Jahrzehnte später der Filmemacher Pepe Danquart (»Joschka und Herr Fischer«).

Der charismatische Lehrmeister im *Club Voltaire* heißt Fritz Lamm. 1911 in Stettin geboren, hat er eine bewegende Vergangenheit hinter sich. Während der Nazi-Diktatur mehrfach verhaftet, flieht er über Frankreich und Casablanca nach Havanna. Erst 1948 kann er zurück nach Deutschland, er geht nach Stuttgart. Der gelernte Journalist, ein jüdischer Sozialist alter Schule, wird 1963 aus der SPD ausgeschlossen. Lamms Freunde schätzten ihren Mentor als Ehrenmann und großen Rhetoriker. Er pflegt einen weltmännischen Stil, verkehrt im Altstadtlokal *Café Weiß* – und wird wegen seiner Homosexualität immer wieder von Sozialdemokraten verleumdet. »Es war schlimm«, sagt Grohmann.

Anders als die Studentenbühnen hat der *Club Voltaire* seine Wurzeln in der Arbeiterbewegung, die Gründerväter kommen wie Willi Hoss aus der KPD und deren Umfeld. Sie veranstalten Lesungen, Diskussionen, Konzerte. Liedermacher wie Franz-Josef Degenhardt und Dieter Süverkrüp, Satiriker wie Clodwig Poth und F.K. Waechter treten auf. Eine wichtige Rolle spielt der Pianist Wolfgang Dauner. Kaum ein anderer symbolisiert wie er die kulturellen Pole des Clubs: Dauner ist gelernter Mechaniker und studierter Musiker.

In diese Atmosphäre platzt der junge Joschka als schnöselhafter Pennäler-Rebell. Begleitet von einer Dame im Pelzmantel (worunter sie geklaute Bücher verbirgt), nimmt der junge Herr Fischer die Altvorderen aufs Korn. Legendär die Geschichte, wie er Grohmann beim Renovieren des versifften Kellers stört.

Der Hobbymaler, glücklich, Geld für weiße Farbe aufgetrieben zu haben, streicht gerade die Wände, als sich Fischer vor ihm mit der ideologisch relevanten Frage aufbaut, was der kleinbürgerliche Scheiß zu bedeuten habe. Während er spricht, schnippt Fischer seine Kippe in den Farbeimer und kommentiert die Show mit dem Werbeslogan: »Schöner Wohnen!«

»Es war schwierig, mit diesen Dingen umzugehen«, sagt Grohmann. »Autoritäres Eingreifen war ja tabu.« Das galt auch, wenn Eltern im Club anriefen, weil sie ihre Tochter suchten.

Im Rotlicht, wo damals auch die *Weinstube Widmer* und das *Theater der Altstadt* experimentierfreudige Kundschaft anziehen, wird der *Club Voltaire* zur Informationsbörse der politischen Subkultur. Joschka Fischer aber strebt nach Höherem. Nach seiner ersten gescheiterten Ehe (mit der Tochter eines Kornwestheimer Kriminalbeamten) zieht es ihn 1968 in die linke Szene von Frankfurt. Er wird Taxifahrer, ehe er in die Dienstlimousine des grünen Starpolitikers umsteigt. Da ist der *Club Voltaire* längst verschwunden, im Haus Nummer 8 eröffnet Mitte der Siebziger ein Animierschuppen namens *Bierorgel*.

Fritz Lamm stirbt 1977, Willi Hoss 2003. Zehn Jahre nach dem Ende der Ära Voltaire greifen der frühere Hobbykabarettist Schretzmeier und der inzwischen professionelle Kabarettist Grohmann erneut an, sie gründen das Theaterhaus Wangen. Wie es die Geschichte will: Auch Stuttgarts erste große Alternativbühne eröffnet neben einem Straßenstrich. Heute steht das Haus auf der Prag, weit weg von rot ausgeleuchteter Subkultur. Das Land regiert inzwischen ein grüner Ministerpräsident. Er ist so alt wie Fischer, und sein Machtbewusstsein hat er nicht im *Club Voltaire*, sondern bei der KPD/ML geschult.

Im Tal des Todes

Nach Süden, Wanderer, fort aus der Abriss-Stadt, raus aus dem Talkessel.

Vom Westen ging ich Richtung Karlshöhe, bald aber erschien mir dieses Ziel zu touristisch, ich bog ab in die Halbhöhenlage. Die Wannenstraße hinunter nach Heslach, guter Blick auf prächtige Villen und stolze Industrieschornsteine, die Symbole des Rauchverbots.

Die Sonne schien in diesem Februar, es war warm wie im Frühling, und ich sagte: Wanderer, geh nach Süden, zu den wilden heiligen Wassern. Geh in den Wald, Wanderer, wo die Bäume noch sicher sind, wo nicht im Morgengrauen Räuberkommandos mit Motorsägen und Pfefferspray anrücken. Die Wannenstraße hinunter, über die Afternhaldenstraße (mit dem schönsten aller Stuttgarter Straßennamen) zum Bihlplatz. Aus strategischen Gründen noch kurz in die Straßenbahn Richtung Kaltental, Ausstieg Haltestelle Waldeck.

Ich tauge nicht zum Wanderführer. Bin ein Straßenköter. Also weiter, egal wie. Vom Waldeck zum Heslacher Waldheim, zur alten Trutzburg der Sozialdemokraten. Das Gasthaus im Grünen erinnert an eine Zeit, als es noch Sozialdemokraten gab. Mehr als hundert Jahre alt ist die Geschichte des Waldheims. Die Nazis besetzten es als »marxistische Brutstätte«, später fiel es den Bomben zum Opfer. Nach dem Krieg bauten es Heslacher Arbeiter wieder auf. 1976 sprach dort Willy Brandt.

Bevor ich das Waldheim links liegen ließ, hatte ich eine Dame in ihrem Vorgarten nach dem Weg zu den wilden heiligen Wassern gefragt. »Gehen Sie über die Teufelsbrücke, da sind Sie richtig«, sagte sie. »Nichts täte ich lieber«, sagte ich, »die Teufelsbrücke ist meine Bestimmung.« Der Weg war weich und bequem. Weiter bis zur Bahnunterführung, zu meiner berüchtigten Waldlaufstrecke Seufzerallee, Richtung Schattenring und Vaihingen.

Diesen Marsch verkraftet der Spaziergänger bei gutem Wetter und schlammigem Boden ohne Anstrengung, weil er Licht am Ende des Kessels wähnt. Als ich am Tunnel der Gäubahn ankam, donnerte wie bestellt ein Zug mit Schweizer Waggons bergauf, und ich rief: Drücken Sie auf die Tube, Herr Lokführer, in der Schweiz wird es früher dunkel als bei uns, das kommt vom Schwarzgeld. Da war es noch schön hell im Wald (der Dachswald heißt), und bald war ich bei der Brücke über die Autorennbahn am Schattenring und ganz nah bei den wilden heiligen Wassern.

Am Tag, als ich ankam, war der Weg in die Tiefe von Amts wegen gesperrt. Ich musste über rot-weiß gestreifte Plastikbänder steigen, um an den geheimnisvollen Ort vorzudringen.

Es rauscht erregend an den wilden heiligen Wassern des Südens, wenn man hinabsteigt ins tiefe Tal, wo die schäumende Sturzflut (wenn ich so sagen darf) in einem von Menschenhand gebauten Tunnel verschwindet. Herzog Christoph hat dieses Naturschauspiel im Jahr 1566 anlegen lassen, um den Mühlen am Nesenbach mehr Wasser zuzuführen. Das Wasser hat man vom Pfaffensee aus dem Glemstal durch den Christophstollen in den Nesenbach geleitet. Dieser Ort mit seinem Moos und Treibholz, mit seinen Felsbrocken und steinernen Treppen ist ein famoses Stuttgarter Geheimparadies, so verzaubernd, dass ich die vereiste Steinplatte vor den Ledersohlen meiner Stiefel übersah.

Ich kam ins Schleudern, und ich schlitterte lange genug, um über mein ganzes verpfuschtes Leben nachzudenken. Irgendwer hatte die Fährte ins Tal des Todes nicht ohne Grund mit rot-weißen Plastikbändern und Verbotsschilder gesperrt, dachte ich, als ich mich mit eingeschlagenem Schädel im Bach liegen sah. Doch es geschah ein Wunder. Von einem unsichtbaren Schutzengel gesteuert, glitt ich verblüffend senkrecht über das Eis und kam nach etwa einer Stunde zum Stehen. Ich weiß nicht, ob ich bei dieser Nummer eine gute Figur gemacht habe. Eine weit abgeschlagene Beobachterin hat später behauptet, ich sei nach meiner Schussfahrt kreidebleich gewesen, aber das glaube ich bis heute nicht. Ich brüllte hinauf in den Himmel über dem Kessel: »Wer die Teufelsbrücke schafft, kommt überall durch.«

Mit lädiertem rechtem Fuß humpelte ich über die Treppe zum Waldrand, schlich mich zur Haltestelle beim *Wildparkstüble* und flüchtete nach neununddreißig Minuten Wartezeit mit dem Linienbus nach Vaihingen.

Wenn ein Mann zu den wilden heiligen Wassern will, muss er Opfer bringen. Er muss auf verbotenen Pfaden tanzen und bereit sein, für die Heslacher Wasserfälle durch die Hölle zu gehen.

Schneemann im Regen

Shane MacGowan sah nicht gut aus, als er am 5. Juli 2011 im Höhenpark auf dem Killesberg einen Hang hinunterstürzte, kurz bevor er mit seiner Band The Pogues auf die Bühne musste. Die Spuren seines irischen Lebens waren deutlich zu sehen an diesem heißen Sommertag, und die Fans fühlten sich wie an Weihnachten. Schließlich verdanken sie dem Sänger Shane MacGowan eines der schönsten Weihnachtslieder der Popgeschichte. *Fairytale Of New York* (»Märchen von New York«).

Weil Mr. MacGowan ein Punk ist, gibt es in diesem Lied einen Dialog in einer New Yorker Ausnüchterungszelle mit wüsten Zeilen über Penner, Schlampen und schlechte Träume. Es erzählt auch von der Hoffnung auf Liebe, und der Refrain ist herzzerreißend:

»Die Jungs vom Chor des New Yorker Police Department haben ›Galway Bay‹ gesungen. / Und die Glocken haben geläutet zum Weihnachtsfest.«

Shane MacGowan weiß, wovon er redet. Geboren ist er am ersten Weihnachtsfeiertag. An diesem Christfest wird er, so Gott will, 54 Jahre alt.

Am Abend bin ich in meinem Viertel herumgelaufen und habe mir in der Imbissbude überlegt, woran die Weihnachtszeit in der Stadt erkennbar wird. Am Geschmack der prächtigen Zimtsterne, die mir an jedem Nikolaustag eine gute Nachbarin an die Türklinke hängt, am Gestank des Glühweins auf dem Weihnachtsmarkt, oder doch an der Musik.

Die Geruchstheorie gab ich auf, als ich in einem Drogeriefenster neben zwei weiß gepuderten Kunststoff-Tannenbäumen die Reklame las, ein Zimmerparfüm beschere uns »reinere, BEDUFTETE Luft«. Angeduftet ging ich nach Hause, um zur Klärung der Lage eine Vinyl-Platte samt CD auszupacken, die ich an Weihnachten vor zwei Jahren gekauft, aber nie angerührt hatte. Lange plagte mich die Angst, die Platte könne mir den Rest geben, so wie Shane MacGowans Lady, wenn sie ihm im New Yorker Knast kein gute Zukunft prophezeit: »Ich bete zu Gott, dass es deine letzte Weihnacht sein wird . . .«

Meine Platte heißt *Christmas In The Heart*, sie enthält fünfzehn amerikanische Weihnachtsklassiker, aufgenommen von Bob Dylan. Als das Album 2009 erschien (eine Benefiz-Scheibe für bedürftige Menschen), ging das Gezeter los. Was sich der Meister erlaube. Ob er vollends durchgeknallt sei.

Was für dumme Fragen. Bob Dylan hat sich zeit seines Leben alles erlaubt, wozu er Lust hatte, und als ich die erste Seite gehört hatte, dankte ich dem Christkind, dass ich mir diese Platte schenken durfte. Bob Dylan verkündet das Fest der Liebe hart und gurgelnd, als wollte er den Soundtrack für die sarkastischen Weihnachtsszenen in »True Crime« mit Clint Eastwood nachliefern. »Santa Claus Is Coming« wirft er uns mit lustigem Chor zum Fraß hin, »Little Drummer Boy« ist – ta ram tam tam tam – sowieso nicht kaputtzusingen, und dann ist auch schon Weihnachten: »I'll Be Home For Christmas«.

Dieses Lied von einem, dem die Lichter seiner Heimatstadt den Weg nach Hause weisen, bevor er in den Armen der Geliebten landet, behandelt den Kern aller Blues- und Countrysongs. Die Menschen wollen nach Hause, und zur Not bläst ein alter Haudegen noch einmal seine Blockflöte, weil er glaubt, er habe noch genügend Atem, um irgendwo anzukommen.

Solche Dinge gehören zu Weihnachten. Und es gibt Gefühle, die man nicht verstehen und nicht beurteilen kann. Wenn im Stuttgarter Weltweihnachtscircus auf dem Wasen die Frauen und Männer des nordkoreanischen Nationalzirkus von Pyongyang ihre wahnwitzigen Trapez-Flüge starten, wird eine Instrumentalversion von »Those Were The Days« eingespielt. Kein Weihnachtslied, doch passt es wie bestellt. Mary Hopkin hat es 1968 mithilfe von Paul McCartney berühmt gemacht, es erzählt von einer verlorenen Liebe in den Tagen, als alles anders war. Wohl auch damals, in den Tagen vor der Oktoberrevolution 1917, als das Original des Lieds in Russland gesungen wurde.

Keiner weiß, was die Titelzeile (»Das waren noch Zeiten«) bei den koreanischen Akrobaten auslöst. Mitten in ihrem Stuttgart-Engagement, im Dezember 2011, starb ihr Präsident Kim Jong-il, und im Zirkus stellte sich die Frage, wie es weitergeht. Die Artisten nahmen sich einen Tag frei für die Trauer um ihren Führer. Dann kehrten sie zurück in die Arena.

Es tut gut, Weihnachten in Liedern zu begegnen. Bis heute freue ich mich, weil ich vor ein paar Jahren eine CD mit sechzehn *Country Christmas Songs* für drei Euro fünfzig aus einem Ramschkorb fischte. Seitdem lasse ich sie als Eingangsmusik bei unserer Benefiz-Show »Die Nacht der Lieder« laufen. Johnny Cash singt darauf »Christmas As I Knew It«.

Die Weihnacht 2011 wird nass und trüb, wie wir es kennen, und das erinnert mich an Leonard Cohen, wenn er in »A Thousand Kisses Deep« singt: »Du siehst, ich bin nur ein weiterer Schneemann / Stehe da im Regen und Matsch.«

Vom Bahnhof her glaube ich im Regen den Polizeichor zu hören, und Shane MacGowan singt in seiner Zelle: »Glaub mir, es kommen bessere Zeiten, und unsere Träume werden doch noch Wirklichkeit.«

Die Leute steigen in die Züge, um rechtzeitig am Heiligen Abend zu Hause sein, und im Internet leiten synthetische Klänge aus »Stille Nacht« die Weihnachtsansprache des Oberbürgermeisters ein. 4:36 Minuten wird er reden. Längst schlaf' ich in himmlischer Ruh'.

Zwei Tote

Es ist Zeit, vor der Verjährung von merkwürdigen Begegnungen in einer seltsamen Stadt zu berichten. Jedes Jahr schwemmen Frühsommerfeiertage wie Himmelfahrt und Fronleichnam Dutzende von Brückentagsleichen in die Stadt. Meist liegen sie in Unterführungen und Straßenbahnen herum. Es war morgens um neun, ein Feiertag, als ich den Toten im Waggon entdeckte. Er lag mit dem Oberkörper quer über dem Sitz. Wohl im Sterben hatte er seine Füße akrobatisch auf dem Sitz gegenüber verknotet.

Die Straßenbahnfahrerin kam, sah den Mann und wollte ihn wecken. Sie rüttelte und schüttelte, redete auf ihn ein. Doch auch bei guter Gesundheit hätte er sie nicht verstanden. Sie sprach Sächsisch. Nach der fünften Aufforderung, die *Fieße* vom Sitz zu nehmen, und der sechsten Frage, wo er hin wolle, war klar: Der Mann war tot. »Ich muss zum Pragfriedhof«, sagte er, und ich schwöre, ich habe diese Sache nicht erfunden.

Einen Tag später, die meisten Feiertagsleichen waren weggeräumt, ging ich von West nach Nord. Relenbergstraße, Wiederholdstraße, Herdweg. Was für schöne alte Villen. Vor einem Haus stand ein junger Kerl mit kurzen Hosen und Sandalen. »Entschuldigen Sie«, sagte er, »haben Sie vielleicht eine Kreditkarte, die Sie nicht mehr brauchen?« »Mann«, sagte ich, »ich bin kein Villenbesitzer, ich habe nur eine einzige Kreditkarte, und die brauche ich zum Überleben.« »Ich habe mich selbst ausgesperrt«, sagte die kurze Hose, »haben Sie nicht eine Karte, die Sie nicht mehr brauchen, damit ich die Haustür öffnen kann?« Ich dachte, ein Einbrecher, noch nicht lange im Geschäft, und ich hatte Mitleid. Zwischen Zehnerkarte fürs Bad Berg und Straßenbahn-Abo fand ich in meinem Geldbeutel tatsächlich ein Stück Plastik. Die alte Dauerkarte für die Stuttgarter Kickers.

Abgelaufene Kickers-Dauerkarten besitzen unschätzbaren Wert, besonders wenn sie wie meine die große Saison des Titelgewinns 2011/212 in der vierten Liga dokumentieren. Widerwillig, aus Solidarität mit der Zunft der Strauchdiebe, reichte ich der kurzen Hose die Karte. Der Kerl schaute die Plastikmarke an, dann mich und stieß mit blödem Gesichtsausdruck diesen folgenschweren Satz aus: »Äh, was ist das für ein Club?«

Auch diese Geschichte ist wahr. Falls Sie dieser Tage irgendwo im Norden eine schwer identifizierbare Leiche in kurzen Hosen mit einer Kickers-Dauerkarte zwischen ihren gebrochenen Fingern finden, bedenken Sie mein Schicksal. Ich hatte keine Wahl. Es war eine Frage der Ehre, mein zweiter Toter in zwei Tagen.

Am Samstag spielen die Kickers. Anpfiff 14 Uhr. Wer nicht kommt, ist ein toter Mann.

Annie

Mitte März schien das Schlimmste vorbei zu sein. Zum ersten Mal seit Jahren war es abends um sechs Uhr wieder hell auf der Straße, die Schneehaufen waren verschwunden und Männer wieder als Männer und Frauen als Frauen zu erkennen. Die Menschen hatten sich aus ihren Wintersäcken geschält.

Auf Stiefeln mit dünnen Ledersohlen schwebte ich die Bebelstraße hinab Richtung Berliner Platz. Statt der Schiebermütze hatte ich einen Frühlingshut von Stetson auf dem Kopf, und ich war mir sicher, noch einmal von vorne anzufangen.

Fast immer wenn ein Mann von vorne anfangen will, landet er, wo er hergekommen ist. Ich ging durch die Altstadt. Am Leonhardsplatz kam mir eine der Damen entgegen, sie stöhnte »Hallo, Schatz«, und ich dachte: Mylady, du musst neu sein auf der Straße, die Hallo-Zeiten sind vorbei.

Und dann sah ich mit Schrecken: Der *Schiller* an der Ecke war dunkel und verstummt.

Der *Schiller* ist ein weithin berühmtes Frühlokal, er öffnete immer punkt sechs. Bis heute geht die Mär um, es trage den Namen Friedrich Schillers, weil der Dichter einst in der Nähe im *Goldenen Ochsen* verkehrte. Jahrzehntelang beschallte der *Schiller* den Leonhardsplatz mit deutschen Schlagern, wenn nicht gerade die Martinshörner der Polizeiautos und Notarztwagen Peter Maffays öliges Jaulen aus den Wirtshausboxen übertönten. Besorgt erkundigte ich mich im benachbarten *Brunnenwirt*, ob die Hygienepolizei *Schillers* Lichter ausgeknipst hätte. Nein, sagte man mir. Die marode Kneipe werde in eine Spielhölle mit Bistro-Tresen umgebaut.

Eine Ära, ich spürte das Ziehen im Unterleib, war zu Ende gegangen. Bis in die neunziger Jahre hinein hatte im *Schiller* Annie regiert. Da war die Wirtin Annie schon sehr alt und legendär wie ihre Fleischsuppe aus echtem Fleisch, die sie zum Frühstück servierte. Bis heute habe ich den Maggi-Duft ihrer einzigartigen Auferstehungsbrühe in der Nase. Als Annie 1997 mit 99 Jahren starb und in Aldingen/Kreis Tuttlingen beerdigt wurde, schrieb die *Stuttgarter Zeitung*: »Morgens um sechs öffnete sie noch im hohen Alter persönlich den Schiller, um die ersten Gäste einzulassen: Obdachlose, Sozialhilfeempfänger, Zuhälter und Prostituierte.«

Diese Aufzählung war klischee- und lückenhaft. Wenn die Wirtin Annie Heinrich, so hieß sie mit vollem Namen, den *Schiller* öffnete, gesellten sich zu den Huren, Luden und Pennern auch Kunstprofessoren und Jazzmusiker, Galeristen und Architekten, Gebrauchtwagenhändler und Gerichtsbeamte, Drogenfahnder und andere Strauchdiebe. Auch der Polizeipräsident Paul Rau, Erfinder der mit Motorrädern bewaffneten *Rau-Reiter*, saß im Schill*er*. Auf die Frage, ob er korrupt sei, rechtfertigte er sich mit der Enthüllung, zu seiner Studentenzeit in Tübingen habe ihn Annie als Zimmerwirtin betreut.

Gegenüber vom Schiller, in der Leonhardstraße, führte Annie auch den *Goldenen Heinrich*. In diesem Laden waren Maffays Schnulzen weniger beliebt, die Gäste goutierten die Hymnen Marianne Rosenbergs. Der *Goldene Heinrich* war eines der ersten Schwulenlokale der Stadt und Annie die Mutter Teresa der Altstadt. Als sie starb, hatten das Leonhardsviertel seinen Witz und der Schiller seine Klasse verloren. Die Zeit, als im Milieu Fettaugen auf der Brühe schwammen, war vorbei.

So ließ ich am ersten Frühlingstag des Jahres 2010 den toten Schiller hinter mir und ging am frühen Abend in den *Bix Jazzclub*. Auf der Bühne ehrte man gerade den Saxofonspieler Sandi Kuhn mit dem »Young Lions Jazz Award« des Lions Clubs. Der Lions Club gehört zu den amerikanischen Männerbünden, Nadelstreifen-Varianten der Hells Angels.

Im Jazzclub setzte ich mich auf die Treppe. Der Bandleader trug ein gutes schwarzes Hemd, weltläufig schwäbelnd führte er uns in die Bedeutung seiner Kompositionen ein, und als er ein Stück mit dem Titel »Geborgenheit« ankündigte, versagte ihm die Stimme. Zwei Takte lang kämpfte der Saxofonspieler mit den Tränen, dann entschuldigte er sich: Immer wenn er das Wort Geborgenheit höre, stammelte er ins Mikrofon, werde er sentimental. Im Schoß seiner Familie, bei Mama und Papa und seinen Geschwistern habe er sich immer so geborgen gefühlt. Früher, als alles besser war, in Schwäbisch Gmünd.

O Sandi, dachte ich, wäre Annie noch unter uns, sie würde dich in die Arme nehmen, deine Wangen streicheln und dir eine Terrine Fleischsuppe auf Lebenszeit garantieren. Nicht wie andere Musiker müsstest du je zur Armenspeisung gegenüber in die Leonhardskirche. Bewegt saß ich auf der Treppe des Jazzclubs. Zum ersten Mal in meinem Leben hatte ich den wichtigsten Unterschied zweier verfeindeter Musiklager begriffen. Rock'n' Roller bringen ihr Publikum zum Heulen. Jazzer weinen selbst.

Sandis Quintett konzertierte mitreißend an diesem Abend, und die Gitarre spielte vorzüglich der junge Herr Joachim Ribbentrop, geboren anno 1980. Annie, dachte ich, du warst alt und weise, womöglich hätte dich der Name Joachim Ribbentrop an etwas erinnert, an die Jahre, als die Stadt in Schutt und Asche fiel.

Bei jedem Spaziergang durch die Altstadt fallen mir dunkle Geschichten ein. Als ginge an diesem Ort der verdammte Winter nie zu Ende.

Ich erinnere mich an den alten Strafrichter, wie er früh morgens im Schiller sein Amt missbrauchte. Sobald er, dafür gibt es lebende Zeugen, genug getrunken hatte, erhob er sich an seinem Spelunkentisch, formte die Hände zu einer Flüstertüte und brüllte so laut er konnte: »Achtung, Hofgang!«

Blitzartig, bevor Annie aus der Küche herbeieilen konnte, war der *Schiller* leer wie ein Jazzclub. Der Richter, der alte Gauner, kannte die Regel: Du bekommst einen Mann aus dem Knast, aber nicht den Knast aus einem Mann.

Fledermäuse

Die Sonne war schon aufgegangen, als mir diese Dame am Telefon sagte, sie sei in der Nacht von einer Fledermaus überfallen worden. Ich sagte: Wo?, und sie sagte schluchzend: Im Bett. Da ich mich an merkwürdige Menschen in der Stadt gewöhnt habe, versuchte ich, die Sache herunterzuspielen. Ob der Fall vielleicht etwas mit dem Unterbewussten zu tun habe, fragte ich. Womöglich mit etwas Sexuellem. Das war Fürsorge. Sie aber wurde wütend, und ich spürte, wie mein schmales Damen-Konto weiter in den Keller rutschte.

Ich habe noch nicht die ganze Affäre erzählt. Sie habe bereits geschlafen, als die Fledermaus im Flug ihr Gesicht gestreift habe, sagte die Dame. Sie habe sich schrecklich gefürchtet. Nachdem sie ohnmächtig geworden sei, habe sie blutige Albträume gehabt. Bis ins Morgengrauen sei sie von der Fledermaus gebissen worden. Wo hat dich die Fledermaus gebissen?, fragte ich. Wieder ein Fehler. Anscheinend gibt es ein Gesetz, wonach es verboten ist, eine Dame zu fragen, wo die Fledermaus sie gebissen hat. Ich landete auf der Nichtbeachtungsliste.

Der Fledermaus-Überfall ereignete sich im Süden der Stadt, und der Fall machte mich neugierig. Ich erfuhr, dass überall in der Stadt Scharen von Fledermäusen Wohnungen heimsuchen. Sie überfallen nicht nur Damen. Ein Kollege erzählte, er habe an einem Tag zehn Fledermäuse von der Wand gepflückt. Sie kommen durchs Fenster, durch Türen, durch jede Ritze.

Mich wundert das nicht. Schon lange ist diese Stadt ein Paradies für Vampire in Menschengestalt. Diese Stadt ist ein Fressen für korrupte Blutsauger. Warum sollten die Fledermäuse abstinent leben?

Früher hätte ich einem Fledermaus-Opfer geraten, zur Polizei zu gehen. Die Polizei hat Waffen, mit denen du nachts auch lautlose und unsichtbare Banditen erledigen kannst. Dann hat mir eine andere Dame erzählt, sie habe einen Freund bei der Polizei, er habe berichtet, die Stuttgarter Polizei sei bankrott. Sie könne sich nicht nur kein Benzin mehr leisten. Auch die Kugeln für Schießübungen seien gestrichen worden.

Diese Geschichte ist wahr. Mir hatte das zuvor schon ein anderer Polizist erzählt. Der Polizist der Dame berichtete, wie Stuttgarter Polizisten beim bleifreien Schießen ihre Wumme anlegen. Sie rufen nicht mehr »Hände hoch!«, sie brüllen: »Peng-Peng«. Das habe ich früher genauso gemacht. Da war ich kein Bulle. Da war ich Buffalo Bill.

Wenn du nachts mit deiner Wumme auf eine Fledermaus über dem Bett einer Dame anlegst und »Peng-Peng« brüllst, interessiert das die Fledermaus einen Scheißdreck. Dein Nachbar wird im Bürgerhospital anrufen und um Hilfe aus der Psychiatrischen bitten. Der Polizist der Dame erzählte, es gäbe Kollegen, die das Kommando »Peng-Peng« inzwischen verweigerten. Das macht Hoffnung auf einen Bullenaufstand.

Es ist generell schwierig, Fledermäuse umzulegen. Normalerweise sind dafür Eulen und ähnliche Greifvögel zuständig. Man kann aber nicht von jeder Dame erwarten, nachts einen Adler im Bett zu haben.

Eisberg mit Mädchen
Eine Geschichte für Joe Bauer

Von Wiglaf Droste

Es war ein sonniger Spätnachmittag Anfang September. Der Sommer, eine chronisch überschätzte Jahreszeit, verzog sich langsam und machte etwas Besserem Platz. Ich saß vor meinem Lieblingsladen und las die Druckfahnen von Joe Bauers neuem Buch. Astreiner Stoff, klar und auf den Punkt; da weiß einer, worüber er schreibt. Kein Ohrabkauer, kein feuilletonistisches Modemännchen, sondern ein Erzähler alter Schule; ein Solitär in einem Meer aus Medienmutanten.

Der Kellner, ein junger Schlaks mit klugem Gesicht, brachte mir ein Glas Weißwein. In der anderen Hand hielt er ein Buch. »Was liest du?«, fragte ich ihn. Er hielt mir das Buch hin; es war »Pimp« von Iceberg Slim, die Autobiographie des schwarzen Zuhälters und späteren Schriftstellers Robert Lee Maupin, dessen Texte Rapper wie Ice-T und Ice Cube inspiriert hatten. Er setzte sich an den Nebentisch, wir lasen beide weiter.

Das Geräusch von Kinderwagenrädern auf buckeligem Pflaster näherte sich. Ein benachbarter Musikkritiker und seine kleine Tochter machten Spazierfahrtpause, er bestellte ein Glas Crémant und einen Saft, und der »Pimp« lesende Kellner kümmerte sich und brachte das Bestellte.

Die Kleine, knapp zwei Jahre alt, hellwach und von freundlicher Neugier, ließ mich an meine Lektüre denken. Anders als viele verzogene Selbstdarstellerkinder wollte sie offenbar alles genau wissen und erkunden. Ihrem Saft ging sie tief und konzentriert auf den Grund und schien auch sehr zufrieden, wenn er ihr übers Kinn und übers Hemd lief.

Ihr Vater und ich plauderten derweil über Musik und Konzerte im allgemeinen und die Altersweisheit Bob Dylans im Besonderen, leichthin und unprätentiös. Aus dem Spätnachmittag war ein samtener Frühabend geworden. Als Crémant und Saft bewältigt waren, zog der Musikjournalist einen Geldschein aus seinem Portemonnaie, gab ihn seiner Tochter und bat sie, ihn doch »dem netten jungen Mann zu bringen«. Die Kleine wackelte los, dem Iceberg Slim lesenden Kellner entgegen.

Ich fragte meinen Nachbarn, ob er wisse, was der freundliche Kellner gerade lese. Er verneinte, ich sagte es ihm, und wir beide mussten lachen. Wenn ein paar von den Muttis, die hundert Meter weiter im Bioeiscafé ihren gut dotierten Nichtstil ausstellten, die Szene miterlebt hätten, wäre uns das Lachen womöglich vergangen. Entweder hätten sie Iceberg Slim für eine Salatdiät der Weight Watchers gehalten, oder sie hätten voll auf Schaum behauptet, der Vater hätte seine Tochter mit Geld zu einem Zuhälter geschickt und ihr quasi eine klassische Geschlechterrolle aufgezwungen. Arrivierte WählerInnen der Grünen müssen nichts wissen, weil sie sowieso und automatisch immer recht haben.

Ich wandte mich wieder meiner Lektüre zu. Joe Bauer kennt sich nicht nur in Stuttgart aus, dort aber ganz besonders gut. Die Stadt wird von vielen Deutschen sehr unterschätzt; diesen Fehler macht die italienische Mafia nicht. Womit man bei Stuttgart 21 angekommen ist, einem Sumpf, den Joe Bauer kenntnisreich durchleuchtet. Er kennt seine Stadt, er hat ein gutes Gedächtnis, er weiß, wer aus welchen Gründen lügt.

Aus der Reihe Critica Diabolis

21. *Hannah Arendt*, Nach Auschwitz, 13,- Euro
45. *Bittermann (Hg.)*, Serbien muß sterbien, 14.- Euro
55. *Wolfgang Pohrt*, Theorie des Gebrauchswerts, 17.- Euro
65. *Guy Debord*, Gesellschaft des Spektakels, 20.- Euro
68. *Wolfgang Pohrt*, Brothers in Crime, 16.- Euro
112. *Fanny Müller*, Für Katastrophen ist man nie zu alt, 13.- Euro
125. *Kinky Friedman*, Ballettratten in der Vandam Street, 14.- Euro
129. *Robert Kurz*, Das Weltkapital, 18.- Euro
130. *Kinky Friedman*, Der glückliche Flieger, 14.- Euro
131. *Paul Perry*, Angst und Schrecken. Hunter S. Thompson-Biographie, 18.-
139. *Hunter S. Thompson*, Hey Rube, 10.- Euro
153. *Fanny Müller*, Auf Dauer seh ich keine Zukunft, 16.- Euro
154. *Nick Tosches*, Hellfire. Die Jerry Lee Lewis-Story, 16.- Euro
156. *Hans Zippert*, Die 55 beliebtesten Krankheiten der Deutschen, 14.- Euro
160. *Hunter S. Thomspon*, Die große Haifischjagd, 19.80 Euro
162. *Lester Bangs*, Psychotische Reaktionen und heiße Luft, 19.80 Euro
163. *Antonio Negri, Raf V. Scelsi*, Goodbye Mr. Socialism, 16.- Euro
164. *Ralf Sotscheck*, Nichts gegen Iren, 13.- Euro
165. *Wiglaf Droste*, Im Sparadies der Friseure, Sprachkritik, 12.- Euro
166. *Timothy Brook*, Vermeers Hut. Der Beginn der Globalisierung, 18.- Euro
167. *Zippert*, Was macht eigentlich dieser Zippert den ganzen Tag, 14.- Euro
171. *Harry Rowohlt, Ralf Sotscheck*, In Schlucken-zwei-Spechte, 15.- Euro
173. *einzlkind*, Harold, Toller Roman, 16.- Euro
174. *Wolfgang Pohrt*, Gewalt und Politik, Ausgewählte Schriften, 22.- Euro
176. *Heiko Werning*, Mein wunderbarer Wedding, 14.- Euro
177. *Wiglaf Droste*, Auf sie mit Idyll, 14.- Euro
178. *Kinky Friedman*, Zehn kleine New Yorker, 15.- Euro
182. *Sue Townsend*, Adrian Mole. Die schweren Jahre nach 39, 18.- Euro
184. *Guy Debord*, Ausgewählte Briefe. 1957-1994, 28.- Euro
185. *Klaus Bittermann*, The Crazy Never Die, 16.- Euro
186. *Hans Zippert*, Aus dem Leben eines plötzlichen Herztoten, 14.- Euro
187. *Fritz Eckenga*, Alle Zeitfenster auf Kippe, 14.- Euro
188. *Ralf Sotscheck*, Tückisches Irland, 14.- Euro
189. *Hunter S. Thompson*, The Kingdom of Gonzo, Interviews, 18.- Euro
190. *Klaus Bittermann*, Möbel zu Hause, aber kein Geld für Alkohol, 14.- Euro
191. *Jim Dawson*, Die Geschichte von Motherfucker, 18.- Euro
192. *Heiko Werning*, Schlimme Nächte, 14.- Euro
193. *Hal Foster*, Design und Verbrechen, Schmähreden, ca. 18.- Euro
194. *Kuper & Szymanski*, Warum England immer verliert, ca. 18.- Euro
195. *Ry Cooder*, In den Straßen von Los Angeles, 18.- Euro
196. *Wiglaf Droste*, Sprichst du noch oder kommunizierst du schon? 14.-
197. *Wolfgang Pohrt*, Kapitalismus for ever, 13.- Euro
198. *John Gibler*, Sterben in Mexiko, Drogenkrieg, 16.- Euro
199. *Owen Hatherley*, These Glory Days, Ein Essay über Pulp, 16.- Euro
200. *Wolfgang Pohrt*, Honoré de Balzac, 13.- Euro
201. *Gerhard Henschel*, Beim Zwiebeln des Häuters, Verrisse, 15.- Euro
202. *Joe Bauer*, Im Kessel brummt der Bürger King, 14.- Euro

http://www.edition-tiamat.de